추천사 1

김 성 욱 박사

총신대학교 선교학, 명예교수

이 책『영역선교: 국제정치학』은 모든 그리스도인과 한국 교회가 세상에서 어떻게 선교 사역을 해야 할지에 대하여 개혁 신학에 근거한 성경적 세계관을 소개합니다.

특히, 이 책이 가진 주요한 특징은 개혁 신학의 핵심 주제인 하나님의 주권과 영역주권에 대한 구체적이고 실제적인 내용을 제시하고 있다는 점입니다. 영역주권의 의미와 정의 그리고 세계적인 칼빈주의자 아브라함 카이퍼의 생애와 신학과 실천에 대해 폭넓게 그리고 심도 있게 저술하고 있습니다.

이 책은 성경적 세계관과 개혁 신학에 관련된 정통 신학자, 즉 존 칼빈, 아브라함 카이퍼, 헤르만 바빙크의 저서와 연구 자료를 정확하게 소개하고 있으며, 개혁 신학의 중심 주제를 명확하게 해석하고 분석함으로 현대 개혁 신학의 교훈을 풍성하게 제공한다는 점에서 탁월한 가치를 지닌 책이라고 봅니다.

저자는 '영역주권'과 '영역선교'라는 용어를 사용하면서 칼빈주의 신학과 현실 사회, 곧 하나님의 주권과 영역주권을 구체적으로 적용하였으며, 저자의 전공인 국제정치학을 성경적 세계관에 근거하여 설명하고 있습니다. 이 책은 보여 주기 식의 칼빈주의 세계관이나 영역주권이 아니라 우리의 모든 삶의 영역에 하나님의 주권을 적용하는 실제 학문의 사례를 보여 줍니다.

저자는 고려대학교와 대학원에서 일본의 국제관계를 연구한 뒤, 총신대학교 신학대학원에 진학하여 개혁 신학과 목회신학을 공부하고 우수한 성적으로 졸업하였습니다. 이후 학문적 성숙을 위해 영국으로 유학하여 성경적 세계관에 입각한 국제정치학을 연구하였습니다.

그는 한국 교회와 한국 사회 그리고 정치학 분야에서 성경적 세계관을 적용하고 발전시켜 나갈 하나님의 사람입니다. 저자의 시원시원한 논리 전개와 개혁 신학에 대한 해박한 이해와 지식은 독자들에게 개혁 신학의 영역주권과 영역선교에 큰 확신과 열매를 줄 것으로 확신합니다.

추천자로서 총신대학교에서 교수로 사역한 지난 30여 년 동안, 한국 사회와 교회 사역에서 개혁 신학의 실제적 적용과 실천이 부족한 상황을 보며 아쉬운 마음이 있었지만, 『영역선교: 국제정치학』의 출간은 온전한 개혁 신학과 영역주권에 대한 학문적 실천으로서 한국 교회 목회와 선교 사역에 큰 공헌으로 기여할 것으로 평가하며 한국의 성도와 목회자, 선교사, 신학생들에게 적극적으로 일독을 권합니다.

추천사 2

김 성 진 박사

열린교회 담임목사

이 책은 영역선교와 국제정치학이라는 낯선 개념을 아
브라함 카이퍼의 영역주권 사상과 칼빈주의 세계관을 통해
설득력 있게 설명한 흥미로운 연구를 담고 있습니다. 특히,
영역선교라는 관점으로 풀어가는 신학과 선교의 만남이 이
책을 읽는 독자들에게 개혁주의 신학의 토대가 되는 칼빈
주의 세계관과 카이퍼의 영역주권 사상이 현대의 선교와
국제정치의 복잡한 문제를 풀어가는 새로운 해법을 제시할
가능성을 보여 주었다는 점에서 고무적입니다.

이 책에서 특히 독자들이 주목해야 할 점은 선교의 목적
을 개인 구원을 넘어서는 창조 질서의 회복이라는 관점까
지 확장하고 있다는 사실입니다. 이러한 관점은 기존의 구
원론을 바탕으로 하는 선교신학의 한계를 뛰어넘어 선교가
삶의 회복을 통한 창조 질서의 회복을 지향하고 있다는 새
로운 지평을 제시하고 있다고 볼 수 있습니다.

이러한 영역선교의 성경적 근거로 예수님의 대위임령(마 28:19-20)과 하나님의 대위임령(창 1:26-28)을 선교의 두 축으로 삼고 구원을 통한 창조 질서의 회복을 선교의 목적으로 제시하고 있다는 점에서 영역선교가 성경 전체에서 제시하는 세계 선교를 위한 좋은 관점을 제시하고 있다고 생각합니다.

이러한 영역선교가 추구하는 창조 질서의 회복이라는 관점은 자연스럽게 교회와 문화의 만남을 선교적으로 풀어가며 교회는 세상 문화를 정복하는 것에서 더 나아가 세상을 회복해야 하는 사명이 있음을 선명하게 보여 줍니다.

이 책의 또 하나의 공헌은 영역주권과 칼빈주의 세계관을 바탕으로 하는 영역선교의 관점으로 세속적인 국제정치학에 대한 대안을 제시했다는 점입니다. 성경이 이 세상의 모든 문제의 답이 될 수 있다는 점을 증명하는 좋은 시도라 생각됩니다. 특히, 한국과 일본의 국제관계를 영역선교라는 관점으로 바라보고 기존의 죄책감 외교라는 개념의 한계를 극복하고자 카이퍼의 영역주권 사상을 접목한 점 또한 신선하고 흥미로운 접근이라 생각됩니다.

이러한 영역선교의 관점이 국외 정치뿐만 아니라 이념으로 양극화된 국내 정치에도 적용되어 정치적 신념을 뛰어넘는 하나님의 주권을 의지하여 교회가 겪는 분열을 극복할 수 있는 좋은 선교적 대안이 되길 기도합니다.

그리고 이 시대 교회의 역할과 성경적 선교를 고민하는 모든 목회자와 신학생 그리고 성도님들께 이 책이 큰 유익을 주리라 확신하며 기쁨으로 추천드립니다.

끝으로, 이 책의 주제를 잘 담아낸 저자의 한 문장을 소개하며 따뜻한 마음으로 추천의 글을 마칩니다.

영역선교가 추구하는 본질적인 목표는 개별 영역이 각자의 고유한 소명을 따라 자신의 영역이 하나님의 통치가 작동하는 곳으로 변혁시키는 것입니다.

추천사 3

박 재 은 박사

총신대학교 조직신학 교수

'인간'이라는 존재가 밟고 서 있는 땅은 실로 그 색깔이 무궁무진합니다. 정치, 경제, 사회, 문화, 종교, 가정, 국가, 연애, 교육, 상업, 국방 등 인간이라면 직·간접적으로 실로 '모든 영역'의 땅 위에 양발을 내딛고 서 있습니다. 『영역 선교: 국제정치학』이라는 의미심장한 제목을 가진 이 책은 우리가 내딛고 서 있는 수많은 영역이 얼마나 '선교적인 영역'인지를 설득력 있게 논증하고, 기술하고, 선포하고 있습니다.

아브라함 카이퍼의 신칼빈주의적 세계관의 렌즈로 영역선교의 핵심 원리와 실천 원리를 매우 친절하게 소개하고 있습니다. 이 책의 특장점은 저자의 독특한 이력입니다. 신학뿐만 아니라 국제정치학까지도 전공해 카이퍼의 영역주권 사상을 국제정치 이론에 적실하게 적용하는 작업을 매우 능숙하게 해내고 있습니다. 이 책은 국제정치학 분야에도 새로운 신학적 바람을 충분히 일으킬 만한 질적 완성도를 보여 줍니다.

이 책의 결론 제목처럼 "왕을 위하여 흩어질 이들"이라면 흩어지기 전에 반드시 이 책을 섭렵할 필요가 있습니다. 그렇게 할 때 비로소 하나님의 주권이 흩어진 여러분이 가는 모든 영역 속에서 충만하고도 영롱하게 꽃 피우게 될 것입니다.

추천사 4

박태현 박사

총신대학교 실천신학 교수,

아브라함 카이퍼의 『칼빈주의 강연』 역자

기존의 전통과 권위를 무시하며 절대 진리를 거부하고 모든 것을 상대화함으로써 인간 삶의 공통적 토대가 무너진 21세기 포스트모던 사회 속에서 그리스도인 삶의 방향성과 목적을 다시금 탐구하고 확인하는 작업은 피할 수 없는 시대적 요청입니다.

저자 박지웅은 이 책을 통해 인간 삶의 모든 영역에서 그리스도의 주권을 드러내기 위한 그리스도인의 정체성과 삶의 모습을 정치 분야에서의 영역선교로 구체화하고 있습니다. 아브라함 카이퍼의 칼빈주의 세계관과 영역주권에 입각하여 정치 영역, 특히 한일관계에서의 수치심 외교정치를 탐구하여 구체적인 실천 방안을 제시합니다.

'신칼빈주의'의 부흥의 영향 아래 빈센트 베이코트의 공공 신학에서의 정치적 적용이 시도된 이래 카이퍼의 영역주권이 한국 외교정치에 적용된 최초의 구체적 사례라 여겨집니다. 저자는 칼빈주의 세계관 및 영역주권의 개념을 쉽게 풀이할 뿐만 아니라 정치 영역에서의 적용을 통한 자신의 영역선교를 소개함으로써 영역선교의 정당하고도 충분한 가능성을 입증하여 더 많은 영역선교 전문가가 등장하길 기대합니다.

짧은 기독교 역사에도 눈부신 신학적 발전을 이룬 한국 교회는 더 이상 기독교의 사사화(私事化)와 성속 이원론의 오류에 머물러 있을 수 없습니다. 왜냐하면, 그리스도의 주권과 복음은 기도의 골방이나 교회 울타리 안에 갇혀 있을 수 없기 때문입니다. 게다가 인간 삶의 무너진 공통적 토대는 인간의 철학이나 사상으로 재건될 수 없으며, 오직 성경 계시에 기초한 그리스도의 주권과 복음만이 포스트모던 세계를 올바른 방향으로 인도할 수 있습니다.

따라서 한국 교회 그리스도인은 우리 삶의 모든 영역, 즉 가정, 학교, 교회, 정치, 경제, 사회, 문화, 예술, 스포츠 등에서 그리스도의 주권을 선포하고 살아냄으로써 이미 도래한 하나님 나라를 증거할 뿐만 아니라, 세상 속(in)에 살아가되 세상에 속하지(of) 않은, 세상을 위한(for) 빛과 소금으로서 평범한 일상 속에서 세상 사람들로 하여금 하늘에 계신 우리 아버지께 영광을 돌리게 하는 사명을 갖습니다 (마 5:16).

자신의 작은 일상 속에서 하나님께서 부르신 직업을 통해 기독교 문화 변혁을 꿈꾸는 목회자들과 모든 그리스도인에게 일독을 강력히 추천합니다.

추천사 5

임 경 근 박사

다우리교회 담임목사, 아브라함 카이퍼의 『반혁명 국가학』 역자

박지웅 저자의 『영역선교: 국제정치학』은 오늘 우리에게 꼭 필요한 책입니다. 아브라함 카이퍼의 영역주권 사상과 칼뱅주의 세계관을 바탕으로 "영역선교"라는 주제를 신학적으로 정리하고 국제정치학이라는 학문 분야에 적용한 뜻 깊은 열매이기 때문입니다. 저자는 영역선교를 단순히 교회 밖 활동을 미화하는 말로 머물게 하지 않고, 그 신학적 기초와 방법을 깊이 있게 다루며 실제 사례 속에서 그 가능성을 보여 줍니다.

이 책이 가진 귀한 가치는 세 가지로 말할 수 있습니다.

첫째, 추상적 선포에 머물기 쉬운 기독교 세계관 담론을 넘어서 영역주권의 원리와 실제를 분명히 구분하며 선교의 길을 구체적으로 제시합니다.

둘째, 교회와 신학을 넘어 국제정치학이라는 낯선 영역 속에서도 기독교적 통찰이 얼마든지 가능하다는 것을 보여 줌으로써, 영역선교가 현실 속에서 실천될 수 있음을

확인시켜 줍니다.

셋째, 학문적 탐구와 신앙적 헌신을 함께 담아내어, 모든 성도에게 "내가 서 있는 자리, 곧 나의 삶이 바로 선교지"라는 감동적인 부르심을 일깨워 준다.

『영역선교: 국제정치학』은 단순한 학문 연구를 넘어, 신학과 학문, 교회와 사회가 만나는 새로운 대화의 장을 열어 줍니다. 이 책을 읽는 독자들은 각자의 자리에서 하나님의 주권을 드러내고자 하는 새로운 도전과 방향을 찾게 될 것입니다.

무엇보다 "삶의 모든 영역이 하나님께 속한다"라는 카이퍼의 오래된 고백을 오늘 우리 시대 속에서 새롭게 되새기게 하는 이 책은, 영역선교라는 주제의 토대를 든든히 세운 귀한 선물이라 확신합니다.

추천사 6

장 지 영 박사

영국 버밍엄대학교 국제정치학

기독교인으로서 진지하게 이 시대를 살아가고자 고민하는 모든 이에게 이 책을 추천합니다. 박지웅의 저서 『영역선교: 국제정치학』은 국제정치학이라는 학문의 영역에 적용된 선교 사례를 제시함으로써, 우리가 그리스도인으로서 어떻게 살아가야 할지에 대한 방향과 방법을 제시합니다. 이 책은 '하나님의 주권이 모든 영역에 머문다'라는 영역주권의 원리를 현실의 각 영역에 실현하는 방법에 대한 친절한 안내서입니다.

이 책의 큰 특징은 이론적이면서도 실천적이라는 점입니다. 먼저, 영역주권의 이론적 원리와 핵심 개념을 신학자들의 주장을 통해 쉽게 정리해 놓았습니다. 이는 교회만이 아니라 세상의 모든 영역을 하나님이 통치하신다는 신앙고백이자, 이를 삶으로 살아내기 위한 구체적인 기반이 됩니다. 특히, '모든 영역을 포괄하는 보편규범이 존재한다'라는 큰 전제를 제시한 이론적 기여도가 큽니다.

그뿐만 아니라 영역주권의 구조와 큰 맥락에서의 원리를 우리가 실제로 삶에 적용할 수 있는 창의적인 방안을 제시하고 이를 직접 적용하여 보여 주었다는 점에서 매우 실천적이라고 할 수 있습니다. 그리스도인이 사명감을 가지고 지향해야 할 신학적 내용을 이해하기 쉽게 정리하였고, 구체적으로 이를 어떻게 실현해 내야 하는지를 그려줌으로써 그리스도인으로서 이 세상을 살아갈 목적과 지침을 함께 제시해 주었습니다.

저자는 이를 국제정치학 영역에서 구체적으로 보여 주었습니다. 신학 이론을 국제정치학 연구에 직접 적용하여 사회과학 연구에 기여하고 있을 뿐만 아니라 그 연구 자체로 영역선교의 실제 사례가 되고 있습니다. 이는 단순히 정치 역학을 해석하는 변수 중 하나로서 종교를 살펴봐야 한다는 주장을 넘어설 뿐만 아니라 신학과 국제정치학을 접목한 단순한 다학제간 연구 이상의 의미를 지니고 있습니다.

지난 수십 년간 국제정치학 연구는 실증주의적 특성과 이성 중심적 논의의 한계 그리고 서양 중심적인 이론의 문제점을 극복하기 위한 연구가 지속되어 왔습니다. 저자는 이러한 국제정치학 연구의 연장선상에서 '죄책감 외교 이론'이 가진 한계를 '아브라함 카이퍼의 영역주권 원리'를 통해 보충하고자 하였으며, 구체적인 한일관계 사례를 통해 이를 잘 보여 주었습니다.

무엇보다 기독교적 가치에 근거하여 "영역주권의 원리가 적용되지 않는 왜곡된 영역이 다시 본래의 원리대로 작동할 수 있도록 회복"하려는 시도라는 점에서 그 자체로 선교의 본보기가 되었습니다.

저자는 이러한 영역선교를 '학문'의 영역에서 소개하였지만, 신학이나 국제정치학을 공부하지 않은 일반 독자들도 배려하여 글을 쉽게 작성하였습니다. 또한, 이론가로서 다양한 분야에서 이를 직접 실천했던 아브라함 카이퍼의 삶을 소개한 부분은 일반 독자들의 흥미를 끌 만합니다.

앞서간 선배 그리스도인들의 이론적, 실천적 발자취를 따라 저자는 국제정치학 영역 내의 뒤틀린 관계를 발견하고, 그곳을 하나님의 통치권이 회복된 상태로 재정립하기 위해 묵묵히 첫걸음을 내디뎠습니다.

마지막 장에서 저자가 권면한 것처럼, 많은 독자가 이 책을 읽고 "국제정치 외에도 '자영업', '아동복지', '현대미술', '태권도', '뇌 과학', '웹툰', '대중가요' 등 다양한 분야에서" 새로운 하나님 나라의 서사를 써 나가게 되기를 기대합니다.

추천사 7

주종훈 박사

총신대학교 신학대학원 실천신학 교수

『영역선교: 국제정치학』은 선교와 정치를 기독교 신학과 실천의 주제로 어떻게 연결해야 하는지를 고민하는 이들에게 하나의 실마리를 제시하는 안내서입니다. 개혁주의 신학에서 하나님의 주권을 강조하고 선포할 때 주어지는 어려운 과제는 선교의 필요성과 역할을 담아내는 것입니다. 하나님이 이 세상의 모든 영역과 사람들에게 주권적으로 통치하시면, 복음을 전하고 선포하는 인간의 노력과 수고가 어떤 의미를 지닐 수 있는지 명료한 답을 제시하기 어렵습니다.

동시에, 인간의 결단과 반응을 이끌어내는 회심에 초점을 두는 선교는 그 자체로 의미가 있지만, 하나님의 주권적 통치와 회복의 구현을 제시하는 것은 쉽지 않습니다. 저자는 이러한 양극단을 극복하고 넘어서기 위한 선교의 이론적 토대와 실천적 방향을 적절하게 제시합니다.

이 책은 하나님의 주권적 통치 아래서 창조 세계의 총체적인 회복을 위해 선교가 어떤 역할을 하는지에 대한 신학적 토대를 가지고, 구체적으로 사례를 통해 정치 영역에서 선교의 의미와 역할과 실천적 과제를 제시합니다.

이 책이 지닌 탁월함과 가치는 우선 정치 영역을 선교의 관점으로 접근하는 것으로 단지 정치가들에게 복음을 전하고 기독교 세계관을 확신하는 좁은 안목의 시도가 아니라, 정치 영역에 대한 하나님의 주권적 통치와 일하심에 대한 신학적 안목을 개혁주의 신학에서 이끌어 옵니다.

카이퍼의 영역주권을 기반으로 영역선교 개념을 확대 발전한 시도와 노력은 이 책의 저자가 지닌 학문적 탁월함이며 기독교 신학 영역과 정치 영역 모두에 새로운 논의 주제를 제시하는 기여입니다.

아울러 이 책이 지닌 또 다른 탁월함은 정치의 다양한 과제 가운데 가장 실천적이고 현실적인 주제로서 국제정치학에 대한 선교적 접근과 이해를 새롭게 풀어낸 것입니다. 한 나라와 또 다른 나라의 관계는 대부분 식민, 우월, 열등, 교류 등의 다면적 측면을 모두 반영합니다.

선교의 관점에서는 복음 수용 여부로만 접근해 왔습니다. 그런데 이 책은 정치와 외교적 측면의 연결이 선교에 미치는 영향과 흔히 수용하는 '죄책감 외교'의 관점에서 주어지는 제한적 시도를 명료하게 지적하고, 신학에 기반한 새로운 가능성을 적절하게 제시합니다.

이 책은 영역선교의 신학적 선교적 토대와 방향을 제시하고, 국제관계의 현실에서 정치적 관점에서만 접근해 온 외교 현실을 하나님의 개입과 주권적 통치를 통해서 접근할 수 있는 실천의 비전을 보여 줍니다. 저자가 이 책에서 쉽게 풀어 제시한 영역선교와 국제관계의 선교적 혜안은 우리 시대 신학과 선교를 좀 더 포괄적이고 체계적으로 접근하기 위한 새로운 담론이 될 것입니다.

끝으로 이 책은 선교와 정치 분야의 신학적 실천적 접근에 관심을 두고 있는 학자와 목회자 그리고 하나님의 주권을 선포하는 사역의 비전으로 미래를 준비하는 신학도들에게 꼭 읽히기를 바라며 추천합니다.

추천사 8

최용준 박사

한동대학교 교수, 아브라함 카이퍼의 『반혁명 국가학』 역자

『영역선교: 국제정치학』은 아브라함 카이퍼의 영역주권 사상을 현대 사회 속에서 실천하고자 하는 진지한 시도이며, 특히 국제정치학이라는 전문 학문 영역 속에서 그 가능성을 모색한 탁월한 사례입니다. 박지웅 저자는 이 책에서 영역선교를 단순한 신앙고백의 확장이 아니라, 세계관과 구조, 실천적 전략을 갖춘 구체적인 사명으로 이해하도록 이끕니다.

이 책의 가장 큰 미덕은 '말씀의 통치가 교회 담장을 넘어 각 영역 속으로 스며들어야 한다'라는 영역선교의 핵심 원리를 신학적·철학적·실천적으로 균형 있게 조망한다는 점입니다. 특히, 저자가 실제 국제정치학 연구 사례를 바탕으로, 영역주권이 특정 이론이나 사상에 그치는 것이 아니라 구체적인 현실 정치 분석과 해석의 틀로도 기능할 수 있음을 보여 준다는 점은 이 책의 실용성과 설득력을 높여 줍니다.

카이퍼의 개혁주의 정신을 계승하면서도, 단순한 이념적 반복에 그치지 않고 오늘날의 현실 문제를 '기독교적 통찰과 책임'의 시선으로 재구성하려는 이 책은, 학문적 엄밀성과 선교적 열정을 겸비한 보기 드문 시도입니다. 더불어 제도적 교회와 유기체적 교회의 균형 있는 역할을 강조하며, 교회 중심 또는 개인 중심의 왜곡된 선교 이해를 바로잡는 데에도 기여하고 있습니다.

이 책을 통해 독자들은 영역선교가 단순한 구호가 아니라, 각자의 전문성과 소명을 따라 구체적으로 실천되어야 하는 하나님의 부르심임을 깊이 깨닫게 될 것입니다. 특히, 사회과학, 정치학, 국제관계 등 공적 영역에 몸담거나 이를 준비하는 그리스도인에게 이 책은 명확한 방향성과 실천적 용기를 제공해 줄 귀중한 길잡이가 될 것입니다.

"모든 삶의 영역에서 그리스도께서 '나의 것이다!'라고 선언하지 않으시는 영역은 단 한 치도 없다"라는 카이퍼의 외침이 이 책을 통해 오늘 우리 삶 속에서 실현되기를 기대합니다.

영역선교

국제정치학

The Spheres of Mission: A Case Study in International Politics

Written by Jiwoong Park

All rights reserved.

Korean Edition Copyright ⓒ 2025 by Christian Literature Center, Seoul, Korea

영역선교: 국제정치학

2025년 10월 20일 초판 발행

지 은 이 | 박지웅

편   집 | 추미현
디 자 인 | 박성준, 소신애
펴 낸 곳 | (사)기독교문서선교회
등   록 | 제16-25호(1980. 1. 18.)
주   소 | 서울특별시 동대문구 천호대로71길 39
전   화 | 02-586-8761~3(본사) 031-942-8761(영업부)
팩   스 | 02-523-0131(본사) 031-942-8763(영업부)
이 메 일 | clckor@gmail.com
홈페이지 | www.clcbook.com
송금계좌 | 기업은행 073-000308-04-020 (사)기독교문서선교회
일련번호 | 2025-81

ISBN 978-89-341-2866-3(93230)

영역선교
국제정치학

박 지 웅 지음

삶의 모든 영역에서 그리스도의 왕권을 선포하는 삶

CLC

목차

저자 서문

박 지 웅 선교사

스스로 선교사가 될 만한 사람은 아니라고 여겨왔습니다. 어린 시절, 부모님의 서원으로 일찍부터 선교사가 되기 위한 준비를 하며 성장했지만, 제게는 선교에 대한 열망이나 뚜렷한 소명이 없었습니다. 저의 인격이나 신앙이 훌륭한 선교사님들과 이름을 나란히 하기에는 턱없이 부족하다고 여겼습니다.

주께서 허락하시는 비전을 품는 데 있어서, 제 부족함이 걸림돌이 될 수 없음을 실감한 것은 최근의 일입니다 세상에 더 훌륭하고 재능 있는 이가 많지만, 이 일에 있어서만큼은 하나님께서 꼭 저를 써주셨으면 하는 일이 생겼습니다. 정치학이라는 학문의 영역에서 '하나님의 주권'이라는 깃발을 꽂는 일이었습니다.

제법 당찬 포부가 가능했던 것은 "우리 인간 삶의 모든 영역에서 만유의 주재이신 그리스도께서 '나의 것이다!'라고 외치지 않는 영역은 한 치도 없습니다!"라는 아브라함 카이퍼의 선포가 준 전율 덕분일 것입니다. 내가 그토록 사랑하고 찬양하는 나의 하나님, 나의 왕이신 그리스도께서 내가 속한 학문의 영역에서도 왕으로 선포되기를 바라기 시작했습니다. 자신 없음과 그럼에도 해내고 싶다는 열망 사이의 오묘한 긴장은 어느새 제 삶의 한편을 채우는 사명이 되어있었습니다. 저는 결코 사도 바울에 비견될 인물이 아니지만, 자신을 사도라 자칭한 바울처럼 저 역시 자신을 영역선교사로 자칭하며 한 걸음을 내디뎠습니다.

이 책은 간신히 그리고 절실히 내디딘 그 첫걸음의 결과물입니다. 어쩌면 걸음이라기보다 걸음마라는 말이 더 어울릴지도 모르겠습니다. 그 과정에는 뼈저린 아픔과 절망도 있었습니다. 그러나 어떤 모양으로든 끝내 열매 맺게 하신 것은 하나님의 은혜로밖에 설명할 수 없습니다. 그 은혜 앞에 감격과 감사의 찬미를 올리며 무릎을 꿇습니다. 부디 이 걸음마가 두 번째, 세 번째의 걸음으로, 마침내는 뜀박질로 이어질 수 있기를 간구합니다.

특별히 이 책은 예전중앙교회와 에드노스청년교회의 '보내는 선교사'님들께 선교보고하는 마음으로 쓴 책이기도 합니다. 영역선교사라는 자칭호가 교회공동체의 칭호로 바뀔 수 있었던 것은 그들 덕분입니다. 누군가는 그저 개인적인 유학생활로 치부해 버릴 수 있는 제 연구를, 그들은 선교적 삶으로 믿고 지지해 주었습니다. 그들의 기도와 섬김은 하나님께서 제게 주시는 위로였고 격려였습니다.

그렇지만 다른 선교활동에 비해 이렇다 할 보고 내용이나 열매를 보여 드리기 힘들었기에 이렇게 책으로나마 정리하여 나누고 싶었습니다. 이 책은 그들의 이름 없는 섬김에 더 적합한 열매이리라 믿습니다. 지면을 빌어 진심 어린 감사의 말씀을 전합니다. 감사합니다.

그 외에도 감사한 분이 많습니다. 제가 신학을 하고 사역을 하는데 있어서 물꼬를 터주시고 지금도 지지해 주시는 성서교회 김용한 목사님, 신대원 시절 장학금을 지원해 주신 광염교회 빌립보 장학회, 유학을 결정하는데 조언과 격려를 아끼지 않으신 주종훈 교수님, 유학시절 큰 힘이 되어 주신 버밍엄 사랑의 교회 마성철 목사님과 성도님들, 제가 가는 길을 함께 응원해 주는 신대원 동기 사역자님들, 부족한 책을 위해 바쁘신 중에도 기꺼이 추천사를 써주신 모든 추천인 분과 책 출판을 위해 애써 주신 기독교문서선교회 (CLC) 박영호 대표님과 직원분들께 감사드립니다.

마지막으로 우리 가족의 이름을 일일이 열거할 수 있다는 것은 사적이지만, 영광스러운 일입니다. 아들을 선교사로 서원하고, 그것이 복된 길인 줄 알면서도 노심초사할 수밖에 없는 부모의 마음은 어린 딸을 두고서야 조금 이해하게 됩니다. 그럼에도 평생을 목회에 삶을 태워 온 분들이 아들 몫의 거름까지 되려 함을 보는 것은 가슴 아픈 일입니다. 박영래 목사님과 박윤옥 사모님의 박지웅 선교사를 위한 헌신은 부모 자식의 정이 아닌 하나님 나라를 위한 마중

물로 여길 때라야 간신히 감사할 수 있겠습니다. 사랑하고 감사합니다.

영국에 처음 입국하여 레밍턴스파 거리에서 찍은 한 장의 사진은 지금도 저를 뭉클하게 합니다. 그곳에는 부족한 저를 사랑해 주고 의지해 주는 아내 이혜인 선교사와 딸 박하윤이 장난꾸러기처럼 서 있습니다. 인생의 가장 힘든 시기에, 그것은 아무것도 아니라는 듯 해맑게 웃어 주는 가족이 있음은 그 무엇과 비교할 수 없는 복입니다. 하나님이 제게 주신 이 복을, 최대한 만개하기 위해 기지개를 켜는 꽃처럼 누리겠습니다. 감사하고 사랑합니다.

지면상 감사한 모든 이의 이름을 언급할 수 없음을 그들은 이해하리라 믿습니다. 사람이 소중할수록 시간이 소중해집니다. '함께'라는 단어를 허락해 주는 나의 시간도 소중하지만, 함께하는 시간을 빛내 주는 이의 시간도 소중합니다. 그래서 우리는 서로의 시간이 되도록 길기를 바라나 봅니다. 이 글을 읽고 계시는 당신의 시간이 되도록 길게 빛나기를 바랍니다. 당신의 시간이 그리스도의 빛으로 반짝이는 만큼, 나의 시간은 기쁨으로 일렁일 것입니다.

2025년 가을날
많이 그리워질 조국의 어느 바닷가에서

제1장

서론: 교회 너머의 선교

1. 영역선교란?

영역선교(The Spheres of Mission)는 아브라함 카이퍼(Abraham Kuyper)의 영역주권 사상을 선교적으로 실천하는 행위로서 '모든 영역에서 하나님의 통치 질서(창조 질서)가 회복되도록 하는 것'입니다. 영역선교 개념을 자세히 논하는 것이 본서의 주요 내용이지만, 편의를 위해 짧은 개념 논의부터 시작해 보겠습니다.

우리가 보통 선교를 말할 때는 개인 구원 혹은 민족 구원을 떠올립니다. 예수 그리스도 구속의 은혜를 알지 못하는 이들에게 복음을 전함으로써 천국 백성을 찾는 것입니다.

그러나 영역선교는 영혼 구원이라는 선교의 기본적인 의무에 머물러 있지 않습니다. 구원받은 백성이 다시 세속으로 들어가 창조 질서의 회복에 참여해야 한다는 의무까지 주목합니다.

영혼 구원을 목표로 하는 선교가 마태복음 28장 19-20절의 모든 민족을 제자로 삼으라는 대위임령을 따른다면, 영역선교는 창세기 1장 26-28절에서 창조 세계를 '경작'(cultivate)하고 '관리'하라는 명령도 또 하나의 대위임령으로 보는 것입니다.[1] 그런 의미에서 영역선교는 기존 선교의 개념을 대체하는 것이 아니라 확장하는 것에 가깝습니다.

영역선교에서는 성스러운 것과 세속적인 것이 이분법적으로 분리되지 않습니다. 다시 말해, 교회의 사역이라고 해서 거룩한 것이고, 세상의 직업이라고 해서 세속적인 것이라고 보는 '성속 이원론'을 거부합니다.

성과 속을 구분하는 것은 사실 중세 가톨릭의 전통입니다. 오스 기니스(Os Guinness)는 이것을 "가톨릭적 왜곡"[2]이라고 불렀고, 오늘날의 개신교인조차 이 왜곡에 '굴복해 버렸다'고 비판합니다.[3]

그에 따르면, 그리스도인들이 하는 모든 일이 믿음에 기인하고 하나님의 영광을 위한 것이라면 성속의 구분은 사

---

1 빈센트 바코트, 『정치적 제자도: 공적 삶을 위한 신학 원리』, 성석환 옮김 (새물결플러스, 2021), p. 40.

2 반대로 "개신교적 왜곡"은 세속의 일을 지나치게 강조하다가 영적인 문제를 경시하는 것입니다(오스 기니스, 『소명: 인생의 목적을 발견하고 성취하는 길』, 홍병룡 옮김 [IVP, 2019], p. 113).

3 오스 기니스, 『소명: 인생의 목적을 발견하고 성취하는 길』, 홍병룡 옮김 (IVP, 2019), p. 102.

라집니다.[4] 종교개혁은 이러한 '소명의 총체적 의미를 회복한' 사건이며,[5] 카이퍼의 영역주권 사상은 그 소명을 삶의 체계로서 구체화한 것이라고 볼 수 있습니다.

마찬가지로 영역선교는 세속 문화에 참여함으로써 타락한 문화를 창조 시대의 문화로 회복시키는 과정 역시 거룩한 일이 될 수 있다고 보는 시각입니다. 이는 우리가 속한 문화가 하나님과의 창조 언약에 기원을 두고 있고, 하나님의 은혜가 교회만이 아니라 일반 문화에도 퍼져 있기 때문입니다.[6]

그러나 문화 참여를 긍정하는 선교 방식에는 치명적인 위험이 존재합니다. 문화 참여를 너무 강조한 나머지 거듭남을 통해서만 그리스도인이 될 수 있다는 사실을 놓칠 수 있기 때문입니다.

크레이그 바르톨로뮤(Craig G. Bartholomew)는 이 오류를 진보적 기독교의 문제로 지적함으로써, 개인 구원에 초점을 맞추느라 문화 참여를 간과하는 복음주의적 기독교의 문제와 대비하여 다음과 같이 말했습니다.

> 문화적 관여라는 비전에 참여하는 것은 우리가 하나님 앞
> 에서 무릎 꿇는 데서 시작하고 그 자리로 끊임없이 돌아가

---

4   오스 기니스, 『소명: 인생의 목적을 발견하고 성취하는 길』, p. 105.
5   오스 기니스, 『소명: 인생의 목적을 발견하고 성취하는 길』, p. 106.
6   김성태, 『선교와 문화』(이레서원, 2000), p. 218.

는 것이라는 점을 잊어서는 안 됩니다.[7]

카이퍼는 거듭남을 뜻하는 헬라어 팔링게네시스(*palingenesis*)를 사용하여 회심이 곧 그리스도인의 본질이며, 삶에서 '하나님과의 살아 있는 관계'를 누리는 것이 신앙의 핵심임을 인식하고 있었습니다.[8] 영역선교는 하나님과의 인격적 만남이라는 개인 구원을 전제로 하되, 더 나아가 회심한 그리스도인들의 적극적인 문화 참여를 추구하는 것이 되어야 합니다.

선교의 범위를 공적 영역으로 확장하는 견해는 현대 선교학자들에게도 공명이 되고 있습니다. 대표적으로 크리스토퍼 라이트(Christopher J. H. Wright)는 공적 영역에서 문화 사명을 수행하는 것이 "우리의 창조됨과 연결되어 있다"라고 보았습니다.[9]

그는 또한 성경이 '창조'에서 시작하여 '새 창조'로 끝나기 때문에 이 양 끝을 간과하면 선교의 개념이 왜곡된다고 주장합니다. 이는 모든 창조 세계를 완전히 구속하고 회복시키시려는 하나님의 관심사를 인간이 죽어서 천국에 가는

---

7   크레이그 바르톨로뮤, 『아브라함 카이퍼 전통과 삶의 체계로서의 기독교 신앙』, 이종인 옮김 (IVP, 2023), p. 67.

8   크레이그 바르톨로뮤, 『아브라함 카이퍼 전통과 삶의 체계로서의 기독교 신앙』, p. 60.

9   크리스토퍼 라이트, 『하나님 백성의 선교: 하나님의 백성을 위한 사명 선언서』, 한화룡 옮김 (IVP, 2012), p. 334.

것으로 축소하기 때문입니다.[10]

정리하자면, 영역선교는 하나님과의 관계를 누리는 그리스도인들이 하나님과 창조물 간의 관계까지도 정상적인 질서대로 되돌려 놓는 것이며, 전 삶의 영역이 하나님과의 관계를 누리도록 하는 것이라고 할 수 있습니다.

2. 영역선교에 관한 기존의 논의와 한계

영역선교라는 개념은 아직 통일성 있게 정립되지 않았으며, 대중적으로 알려진 것도 아닙니다. 하지만, 교회의 영역을 넘어선 선교 방식이 선교의 중요한 흐름으로 주목받고 있음은 분명합니다.

최근 선교학자 권효상은 영역선교에 대한 개념 고찰을 통해 교회가 개혁파 원리에 따라 성경을 해석하는 교회(개혁교회)를 건설하는 방식을 주장했습니다.[11] 학문적으로만이 아니라 선교단체에서 실용적으로 활용되는 사례도 있습니다. 대표적으로 국제예수전도단(YWAM)의 론 베이미(Ron Boehme)는 모든 영역에서 수행하는 선교를 선교의 "제4물

---

10 크리스토퍼 라이트, 『하나님 백성의 선교: 하나님의 백성을 위한 사명 선언서』, pp. 55-56.

11 권효상, 『개혁교회 선교방법론』(SFC, 2023), p. 87.

결"이라고 소개했습니다.[12]

영역선교에 대한 신학적이고 실천적인 논의가 일어나고 있다는 사실은 고무적인 일입니다. 그러나 지금까지 영역선교에 대한 논의는 두 가지 한계를 가지고 있습니다.

첫째, 영역주권 원리가 기독교 세계관에 비해서 상대적으로 주목받지 못하고 있다는 것입니다.

둘째, 영역선교가 교계(교회와 신학) 밖에서 수행된 사례가 적다는 것입니다.

오늘날 한국 교계에서 기독교 세계관이라는 단어를 듣는 것은 어려운 일이 아닙니다. 하지만, 기독교 세계관에 대한 관심에 비해 영역주권의 원리에 대한 관심은 상대적으로 적은 것으로 보입니다.

물론, 기독교 세계관을 추구하는 사람들이 모두 카이퍼의 영역주권에 동의한다고 볼 수는 없습니다. 하지만, 카이퍼의 정신을 따라 세계관을 적용시키려는 생각을 가지고 있는 사람들에게는 영역주권 원리에 대한 이해가 반드시 필요합니다.

영역주권은 모든 영역이 하나님의 주권하에 있다는 세계관적 선포만을 담고 있는 것이 아닙니다. 후속 장에서 구체

---

12   론 베이미, 『제4의 선교물결』, 안정임 옮김 (예수전도단, 2017) 참고.

적으로 다룰 것입니다만, 영역주권은 개별 영역이 가진 고
유의 소명과 권한이라는 독립적 기능 그리고 그 모든 영역
이 하나의 정부 아래 상호 작용을 하는 통합적 기능을 포함
해야 합니다.

그러나 오늘날 교회에서 다루는 영역주권은 '모든 영역에
서 기독교 세계관으로 살아내야 한다'라는 선포의 메시지
로 활용되는 것으로 그치는 경우가 많습니다.

> 우리가 하나님의 주권에 동의하지만, 앞으로 나아가야 할
> 행로를 어떻게 결정할 것인가에 대해서는 복음의 구호만
> 으로는 답을 찾을 수 없다.[13]

카이퍼의 이 지적은 지금까지도 유효한 것으로 보입니다.

위와 같은 첫 번째 한계는 "영역선교가 교계 밖으로 확대
되는 사례가 적다"는 두 번째 한계로 이어집니다. 즉, 영역
주권의 원리 없이 세계관 교육에 집중하다 보면 교회의 역
할이 과대표됩니다. 영역선교는 기독교 세계관을 통해 세
상문화를 변혁하는 일이라는 점에서 세계관의 중요성을 간
과할 수는 없습니다. 또한, 세계관 교육은 교회 영역이 맡
은 가장 중요한 역할 중의 하나입니다.

---

13   아브라함 카이퍼, 『반혁명 국가학 1: 원리』, 최용준, 임경근 옮김 (국
      제제자훈련원, 2023), p. 590.

하지만, 영역선교가 영역주권의 원리를 균형 있게 수행하기 위해서는 비-교회(non-church) 영역의 구체적인 실천이 반드시 일어나야 합니다. 각 영역의 행위자는 교회에서 기독교 세계관을 교육받는 것에 안주해서는 안 됩니다. 영역주권과 기독교 세계관을 통합적으로 이해함으로써 주체적인 선교 활동을 결심하고, 영역에 맞는 방법론을 개발하는 단계로 나아가야 합니다.

각 영역에서 수행해야 할 구체적인 선교 전략을 고민하는 일까지 교회나 신학이 해 줄 수는 없으며, 그래서도 안 됩니다. 교회 지도자나 신학자는 교회와 신학에서의 전문가이지 개별 영역의 전문가가 아닙니다.[14] 이 당연하지만, 명백한 한계를 인정하지 않으면 비-교회 영역의 행위자들은 세계관을 추상적으로 관념화하거나 이상주의적 혹은 도덕주의적 적용에 그칠 것입니다.

신학이나 철학을 제외한 분야에서 기독교적 가치를 적용하려는 시도가 전혀 없는 것은 아닙니다. 제4장에서 살펴볼 것입니다만, 국제정치학에서 종교에 관심을 보이는 학

---

14 리처드 마우(Richard Mouw)는 제도적 교회가 다양한 문화 영역의 "복잡한 것들을 다룰 수 있는 전문 지식을 가지고 있지 않"기에 "제도적 교회의 역할을 제한해야" 한다는 주장이 카이퍼적이라는 것을 지지합니다(리처드 마우, 『아브라함 카이퍼: 리처드 마우가 개인적으로 간략하게 소개하는』, 강성호 옮김 [SFC, 2015], p. 90). 하지만, 제도적 교회의 역할은 유기체적 교회의 역할과 함께 논의되어야 균형이 잡힙니다. 이에 대해서는 본문에서 후술할 것입니다.

자가 많을 뿐만 아니라 신학을 정치 연구에 접목하려는 연구도 다수 존재합니다.

김지연은 보건 분야에서 하나님이 창조하신 성적 질서를 파괴하려는 시대정신에 항거하고 있습니다.[15] 교육 분야에서 기독교 세계관으로 학생들을 교육하고자 하는 대안적 교육 프로그램은 일일이 사례를 들지 않아도 될 만큼 우리 근처에서 쉽게 목격할 수 있습니다. 그럼에도 우리 삶의 전 영역에서의 선교가 수행되어야 한다고 외치는 목소리에 비해 실제 열매를 맺은 사례는 아직도 충분하다고 볼 수 없는 실정입니다.

3. 제도적 교회와 유기체적 교회

비-교회 영역의 역할을 강조하는 본서의 주장에 대해서 교회의 역할이 축소될 수 있다는 우려 섞인 비판이 있을 수 있습니다. 대표적으로 마이클 고힌(Michael W. Goheen)과 크레이그 바르톨로뮤(Craig G. Bartholomew)는 선교가 "주로 평신도의 사역이어야 한다"라는 데이비드 보쉬(David Bosch)의 주장이나 "그리스도의 주권을 증거하는 일이 주로 세상의 평범한 일터에서 이루어져야 한다"라는 레슬리 뉴비긴

---

15   김지연, 『나의 어여쁜 자야: 아름다운 남녀 창조 편』 (두란노, 2020) 참고.

(Lesslie Newbigin)의 말에 동의하지 않는 모습을 보입니다. 평
신도가 문화와 만나는 삶의 영역에서의 역할에 대한 관점
에는 동의하지만, 그만큼 교회가 설 자리는 줄어든다는 것
입니다.[16]

본서에서 필자 역시 보쉬나 뉴비긴의 말에는 동의하지
않습니다. 하지만, 고힌과 바르톨로뮤가 반대하는 이유와
는 관점이 다릅니다. 평신도들의 사역을 중시하는 의견에
동의하지 않는 것이 아니라 '주로'라는 단어에 동의하지 않
습니다. 같은 맥락에서 영역선교에서 제도적 교회의 역할
이 '주'가 되는 것 또한 반대합니다.

영역선교는 본질적으로 모든 영역에서 실천되어야 할 선
교이므로 교회든 평신도든 어느 한 영역이 주체가 될 수 없
습니다. 그러나 평신도 사역의 '주' 됨이나 교회 사역의 '주'
됨을 모두 반대하는 것은 어느 한 쪽에 더 큰 무게를 두는
것을 반대하는 것이지 교회의 역할을 축소시키는 것이 아
닙니다.

교회론적 차원으로 보면 평신도 사역과 교회의 사역은
모두 '교회'의 역할로 들어가기에 영역선교에서 교회의 역
할은 여전히 핵심적입니다. 영역선교에서 교회의 역할을
논할 때는 제도적 교회와 유기체적 교회를 구분해야 합니

---

16 마이클 고힌, 크레이그 바르톨로뮤, 『세계관은 이야기다』, 윤종석 옮김
    (IVP, 2011), pp. 293-294.

다. 교회의 사역이 제도적 교회의 역할이라면, 평신도 사역은 유기체적 교회의 역할입니다.

교회는 '택함 받은 성도의 모임'으로서 보이지 않는 비가시적 교회(천상의 교회)와 제도와 조직을 갖춘 유형물로서 눈에 보이는 가시적 교회(지상의 교회)가 있습니다. 가시적 교회는 다시 두 가지로 나뉩니다. 하나는 성경을 가르치고 선포하며 성례를 집행하는 모임으로서의 제도적 교회이고, 다른 하나는 성령으로 연결되어 연합하는 성도들의 모임으로서의 유기체적 교회입니다. 유기체적 교회는 보통 문화에 참여하는 그리스도인으로 해석되고는 합니다.[17]

그런 점에서 유기체적 교회의 영향력은 모든 영역을 초월할 수밖에 없습니다. 성령으로 연결된 성도 한 사람 한 사람이 유기체적 교회의 구성원으로서 각자의 영역으로 흩어지고, 성경적 가치에 근거한 문화를 형성하는 데 참여해야 하기 때문입니다.

그러나 유기체적 교회의 성도들이 세상으로 흩어질 때는 반드시 성경적 세계관을 가지고 나아가야 합니다. 이때 제도적 교회는 말씀과 성례를 통해 성도들의 세계관 형성에 기여할 뿐만 아니라, 그 세계관을 어떻게 적용시키는 것이 성경적인 것인지 변혁의 청사진을 그려 주는 역할도 하

---

17   제임스 스미스, 『왕을 기다리며 : 하나님 나라 공공신학의 재형성』, 박세혁 옮김 (IVP, 2019), p. 160.

게 됩니다. 제임스 스미스(James K. A. Smith)는 카이퍼의 말을 인용하며 제도적 교회가 "시민 사회 가운데 있는 산 위의 동네" 역할을 함으로써 유기체적 교회가 그로부터 시민 사회에 스며들 수 있도록 해야 한다고 주장했습니다.[18]

제도적 교회는 말씀과 성례의 집행이라는 역할상 영역선교를 모두 아우르는 '주'가 될 수 없습니다. 반면에 유기체적 교회 즉, 평신도가 제도적 교회에 기초하지 않고 흩어진다면 그들의 사역이 성경과 상관이 없어지기 때문에 그들의 사역 역시 독립적인 '주'가 될 수 없습니다.

제도적 교회는 각 영역이 창조의 형상을 어떻게 왜곡시켰고 해결법이 무엇인지 구체적으로 파악할 수 없고, 유기체적 교회는 문제 분석은 가능하지만, 변혁의 방법과 목표를 임의로 세울 수 없습니다.

따라서 균형 잡힌 의미의 영역선교를 위해서는 제도적 교회와 유기체적 교회 중 어느 하나의 '주'됨이 아니라 두 교회가 '함께' 가는 형태로서의 교회의 역할이 필수적입니다. 그러므로 교회가 "하나님 나라의 샬롬을 보여 주는 가시적이고 매력적인 징후가 되어 희망을 주고 길잡이 역할을 하도록 부름받았다"[19]는 입장은 영역선교에서도 여전히 유효합니다.

---

18 제임스 스미스, 『왕을 기다리며: 하나님 나라 공공신학의 재형성』, p. 163.
19 마이클 고힌, 크레이그 바르톨로뮤, 『세계관은 이야기다』, p. 294.

4. 책의 목적과 구성

본서는 영역선교를 세계관만이 아니라 영역주권의 원리
와 함께 논한다는 점에서 기존의 연구와 차별화됩니다. 그
뿐만 아니라 동아시아 국제정치를 연구하는 개인적인 연구
사례를 담음으로써 교회나 신학의 영역이 아닌, 정치학의
영역에서 영역선교가 수행될 가능성을 제시하고자 했습니
다. 구체적으로는 한일관계를 세속 이론(국제정치 이론)으로
분석하되, 그 이론을 영역주권의 원리를 통해 보강하고자
한 것입니다.

이를 통해 본서가 목적하는 바는 두 가지입니다.

첫째, 기독교 세계관만이 아니라 '영역선교'라는 보다 넓
은 개념을 정립하고 방법론을 모색하는 것입니다.
둘째, 영역선교가 대중화되는 일에 기여하는 것입니다.

첫 번째 목적을 달성하기 위해 필요한 것은 영역주권의
원리와 그 안에 담긴 기독교 세계관을 모두 고찰하는 것입
니다.

영역주권은 다음과 같은 메시지로 유명합니다.

우리 인간 삶의 모든 영역에서 만유의 주재이신 그리스도
께서 "나의 것이다!"라고 외치지 않는 영역은 한 치도 없

습니다.[20]

하지만, 이 한 문장의 선언만으로는 영역주권을 온전히 이해할 수 없습니다. 본서는 영역주권을 핵심 원리와 실천 원리로 구분하여 정립함으로써, 영역주권이 단순히 선포에 그치지 않고 구체적인 실천으로 이어질 수 있는 길을 모색합니다. 나아가, 이 책을 통해 좀 더 많은 사람이 영역선교에 관심을 두게 되고, 영역선교를 수행할 의지를 다질 수 있다면 감사할 것입니다.

오늘날 기독교 세계관에 대한 교육이 활발하고, 영역주권에 대한 관심이 증가하며, 영역선교에 대한 고찰까지 등장한다는 것은 영역선교의 필요성에 대한 시대적인 공감이 이루어지고 있음을 방증합니다. 그럼에도 선교 현장에서 영역선교는 여전히 생소한 개념입니다. 일반 교인뿐만 아니라 선교사들조차도 영역선교를 잘 모를 정도로 영역선교는 대중화되지 못했습니다.

본서가 대단할 것도 없는, 개인적인 국제정치 연구를 소개하는 것은 비-교회 영역에서도 영역선교가 실천될 가능성을 제시하기 위함입니다. 우리는 대단한 업적을 이루지 않더라도 각자의 평범한 영역에서 세속적 가치관에 도전할

---

20   아브라함 카이퍼, 『아브라함 카이퍼의 영역주권: 인간의 모든 삶에 미치는 하나님의 주권』, 박태현 옮김 (다함, 2020), p. 71.

수 있습니다.

지금까지의 서론에 이어 전개될 내용은 다음과 같습니다.

제2장 아브라함 카이퍼와 칼빈주의 세계관을 소개하고, 영역주권을 간단히 다루겠습니다.

제3장 영역선교의 핵심 원리와 실천 원리를 다룹니다. 나아가 영역선교를 준비할 수 있는 구체적인 3단계를 제시함으로써 영역주권이 실제 삶에 적용될 수 있는 방식을 살펴보겠습니다.

제4장 위와 같은 고민을 토대로 국제정치학이라는 학문에서 개인적으로 연구한 내용을 소개하겠습니다.

제5장 결론에서 영역선교의 개념을 다시 한번 정리하고, 영역선교를 위해 '흩어질' 그리스도인에게 간단한 메시지를 전하는 것으로 마무리하겠습니다.

제2장

카이퍼, 칼빈주의 그리고 영역주권

영역선교는 아브라함 카이퍼의 영역주권 사상과 칼빈주의 세계관을 기반으로 이해될 수 있습니다. 따라서 카이퍼의 사상과 세계관을 살펴보는 과정에서 영역선교의 핵심가치와 원리를 도출하고 이를 바탕으로 영역선교의 정의를 내릴 수 있습니다.

왜냐하면, 영역선교라는 명칭에서부터 알 수 있듯이 영역선교의 사상적 뿌리가 카이퍼의 영역주권에 있고, 그 안에 내포된 세계관이 칼빈주의 세계관이기 때문입니다.

따라서 영역주권이 핵심 원리에서 빠진 영역선교는 있을 수 없으며 기독교 세계관은 칼빈주의 세계관으로 한정되어야 합니다. 다만, 영역주권의 주요 원리는 제2장에서 구체적으로 논할 것이므로 이번 장에서는 아브라함 카이퍼와 그의 칼빈주의 세계관에 중점을 두고 영역주권은 마지막에 간략히 소개하도록 하겠습니다.

1. 아브라함 카이퍼

영역주권의 제창자로 알려진 아브라함 카이퍼는 네덜란
드의 수상이었지만, 한편으로는 세계 3대 칼빈주의 신학자
로도 불립니다.[1]

사실 그의 삶은 이 두 가지의 역할만으로 충분히 설명되
지 않습니다. 네덜란드 수상이기 이전에 그는 정당 창립자
이자 국회의원이었으며 대학 설립자이자 교수였고 언론인
이기도 했습니다. 하원의원에 당선되기 전에는 1863년부터
1874년까지 목사로도 사역했습니다. 그야말로 "10개의 머
리와 100개의 손을 가진 사람"[2]이라는 별명이 붙을 정도로
그의 이력은 화려합니다.

카이퍼의 화려한 이력은 그의 변덕이나 욕심으로 생겨난
것은 아닙니다. 그의 모든 역할은 교회의 영역을 넘어 사회
영역까지 하나님의 통치 질서가 회복되어야 한다는 신념에
기인했습니다. 특히, 그가 타파하고자 했던 것은 프랑스혁
명 이후의 시대정신이었습니다. 그에게 프랑스 혁명은 "합
리주의, 이신론, 자연주의 그리고 유물론 등의 성취"[3]였습

---

1   루이스 프랑스마, 『그리스도가 왕이 되게 하라: 아브라함 카이퍼의 생
    애와 그의 시대』, 이상웅, 김상래 옮김 (복있는사람, 2011), p. 3.
2   루이스 프랑스마, 『그리스도가 왕이 되게 하라: 아브라함 카이퍼의 생
    애와 그의 시대』, p. 27-30.
3   루이스 프랑스마, 『그리스도가 왕이 되게 하라: 아브라함 카이퍼의 생
    애와 그의 시대』, p. 42.

니다. 이후 19세기 유럽의 중산층은 프랑스혁명의 원리였던 인간 이성의 자율성을 최우선시하고, 하나님의 계시는 부정하는 자유주의 사상을 발전시켰습니다.[4]

카이퍼가 여러 분야에서 역할을 하게 된 것은 해당 영역에 흐르는 시대정신에 항거하기 위한 일환이었습니다. 그가 전 영역에서 일관된 사역을 할 수 있었던 것은 '하나님만이 왕'이시라는 명료한 가치 기준이 있었기 때문입니다.

그는 사회 영역에 참여할 때도 특정한 사회적 이데올로기에 함몰되지 않았습니다. 정치적으로 카이퍼는 자유주의에 반대하면서도 보수주의(정통주의) 사상을 절대시하지 않았습니다. 하나님이 계셔야 할 자리에 인간을 세우려는 자유주의에 항거했던 삶은 카이퍼 인생의 가장 중요한 부분이라고 할 수 있습니다. 카이퍼는 질서와 전통을 지키려는 보수주의자들에게도 하나님께 돌려야 할 영광을 정치적 이익에 활용하는 면이 있음을 비판하기도 했습니다.

그의 이러한 균형적인 가치관은 경제관에서도 드러났습니다. 그는 자본주의의 자유방임주의를 경계하면서도 마르크스주의(공산주의)에 대해서는 강하게 반대했습니다.[5] 경

---

4 루이스 프람스마, 『그리스도가 왕이 되게 하라: 아브라함 카이퍼의 생애와 그의 시대』, p. 53.

5 리처드 마우에 따르면, 카이퍼는 마르크스주의만이 아니라 사회주의에도 친밀감을 표하지 않았습니다. "가난한 사람들이 부자를 적으로 간주하고 싸우도록 만드는 것은 사회주의의 근본적인 오류"라고 봤기 때문입니다(리처드 마우, 『아브라함 카이퍼: 리처드 마우가 개인적으로 간

제적 자유주의로 인한 사회적 불평등도, 그에 대한 반작용
으로 나온 공산주의 운동도 모두 인본주의가 하나님의 권
위를 대체함으로 인해 발생한 문제로 봤기 때문입니다.[6]

따라서 그는 어린아이와 같은 사회적 약자가 착취를 당
하는 현실에도 저항했지만, 그렇다고 정부가 모든 사회적
영역에 개입하고 규제해야 한다는 사상도 거부했습니다.
대신 그는 사회적 영역이 각자의 주권을 가지고 기독교 조
직을 구성하는 것을 최선으로 보았습니다.[7]

사회 개혁적인 면모를 보이면서도 전통적인 질서를 수
호하려는 카이퍼의 균형 감각은 영국의 정치가인 에드먼드
버크(Edmund Burke)와 닮아 있습니다. 버크는 개혁과 보수를
동시에 지닌 독특한 인물로, 사회 각 방면에서 개혁을 추구
하면서도 '사회의 안정과 통합"을 지키려 했습니다.[8]

략하게 소개하는』, p. 60). 그러나 마르크스주의에 대해서는 보다 강한 거
부감을 표했습니다. 그에게 마르크스주의는 예수를 떠난 자유와 평등
을 주장한다는 점에서 "자유주의의 적자"일 뿐이었습니다(루이스 프람
스마, 『그리스도가 왕이 되게 하라: 아브라함 카이퍼의 생애와 그의 시대』, 이상
웅, 김상래 옮김 (복있는 사람, 2011), p. 55). 게다가 마르크스주의는 민중으
로 하여금 끊임없는 계급 투쟁을 통해 이상사회가 건설될 수 있다고
믿게 함으로써 세계적 혁명이라는 끔찍한 결과를 낼 사상이었습니다
(루이스 프람스마, 『그리스도가 왕이 되게 하라: 아브라함 카이퍼의 생애와 그의
시대』, p. 56).

6   루이스 프람스마, 『그리스도가 왕이 되게 하라: 아브라함 카이퍼의 생
    애와 그의 시대』, p. 207.
7   루이스 프람스마, 『그리스도가 왕이 되게 하라: 아브라함 카이퍼의 생
    애와 그의 시대』, p. 213.
8   유벌 레빈, 『에드먼드 버크와 토머스 페인의 위대한 논쟁: 보수와 진

특히, 프랑스혁명의 급진주의에 강하게 반대한 버크는, 영국의 진보 정당인 휘그당에 속한 정치인이었음에도, 오늘날에는 보수주의 사상의 시조로 불립니다.[9] 버크식 보수주의의 특징은 전통적 질서 수호를 전제로 하는 개혁은 추구하지만, 질서를 뿌리째 뽑으려는 급진적인 혁명은 완강하게 거부한다는 것입니다.

이러한 버크의 사상은 카이퍼에게도 깊은 영향을 주었고, 카이퍼는 프랑스혁명을 반대할 때마다 버크를 인용하고는 했습니다.[10] 이 '반(反)혁명 운동'을 위해 그리고 자유주의로 물들어버린 네덜란드를 위해 카이퍼는 정치에 뛰어들었습니다.

'반혁명적'이라는 표현을 사용하는 것은 미움받을 용기가 필요한 일이었습니다. '반혁명적'이라는 표현과 '기독 역사적'이라는 표현이 동일한 의미임에도 카이퍼는 굳이 전자를 선호했습니다.[11] 왜냐하면, '기독 역사적'이란 표현을 쓰면 뚜렷한 입장 표명 없이도 누구에게나 열려 있는 사람으로 간주될 수 있지만, '반혁명적'이라는 표현은 명백하게

보의 탄생』, 조미현 옮김 (에코리브르, 2016), p. 48.

9   러셀 커크, 『보수의 정신: 버크에서 엘리엇까지』, 이재학 옮김 (지식노마드, 2018) 참고.

10 아브라함 카이퍼, 『칼빈주의 강연』, 김기찬 옮김 (CH북스, 2017), p. 106; 아브라함 카이퍼, 『아브라함 카이퍼의 정치강령』, 손기화 옮김 (새물결플러스, 2018), p. 31.

11 아브라함 카이퍼, 『아브라함 카이퍼의 정치강령』, p. 35.

무언가를 반대하기 때문입니다. 반대의 주된 대상은 프랑스 혁명으로부터 나온 시대정신이었습니다.

카이퍼는 하나님의 뜻에 맞지 않는 시대정신에 항거하는 삶을 살아감으로써 '억압의 표적'이 되는 것을 '명예로 간주'하고, 저항을 받을 수도 있는 투쟁에 필사적으로 뛰어드는 용기를 강조했습니다.[12]

그가 '반혁명'에 이토록 강한 열정을 보인 이유는 프랑스 혁명을 단순히 국가의 폭압에 대한 저항이 아니라 "하나님의 주권을 거부하고 그분으로부터의 완전한 해방을 추구하도록" 이끈 것으로 이해했기 때문입니다.[13]

그의 표현을 그대로 빌리자면 다음과 같습니다.

> 혁명의 이데올로기는 처음부터 반(反)기독교식이었으며 그것은 이교도의 세계관보다 훨씬 더 나쁘다.[14]

반대로, 반혁명 운동은 "파괴가 아니라 회복을 대변하고, 국가의 법질서를 전복하는 것이 아니라 재확인하는 것이며, 하나님을 거부하는 것이 아니라 하나님께로 돌아가는 것"[15]이었습니다.

---

12   아브라함 카이퍼, 『아브라함 카이퍼의 정치강령』, p. 35.
13   아브라함 카이퍼, 『아브라함 카이퍼의 정치강령』, p. 30.
14   아브라함 카이퍼, 『아브라함 카이퍼의 정치강령』, p. 32.
15   아브라함 카이퍼, 『아브라함 카이퍼의 정치강령』, p. 30.

시대정신에 항거하고, 억압받기를 피하려고 하지 않았던 카이퍼의 정신은 영역선교를 논하는 우리에게 시사하는 바가 큽니다. 공적 영역에 참여하는 기독교 시민들은 정치적 진영 논리에 매몰된 사람들에게 아닌 것은 아니라고 말하기를 두려워하지 말아야 합니다.

우리는 성경의 일부 구절을 인용하는 방식이 아니라 성경 전체에 흐르는 총체적인 규범을 따라 어떤 정치인이나 정당이라도 비판적으로 대할 수 있어야 합니다. 설령 자신이 열렬히 지지하던 진영일지라도 성경의 가치에 부합하지 않는 면이 드러난다면, 그 길에서 단호하게 돌아설 수 있어야 합니다.

누구에게도 욕을 듣지 않는 그리스도인, 모든 사람에게 관용적이란 평가를 듣는 그리스도인이 신앙의 목표가 되어서는 안 됩니다. 그리스도의 도를 지키다가 핍박을 받는 것은 자연스러운 것입니다. 하나님의 심판대 앞에 자신의 정치적 성향까지도 내려놓을 수 있어야 하며 이것이 하나님 주권을 인정하는 그리스도인의 바른 자세입니다.

물론, 카이퍼가 완벽한 인물이라고 주장하는 것은 아닙니다. 그에게도 많은 비판이 따랐습니다. 대표적으로는 그의 영원 칭의론에 대한 비판이 있습니다. 카이퍼는 하나님의 주권을 너무 강조한 나머지, 하나님께서 인간이 태어나

기 전 즉, 영원으로부터 칭의[16]의 은혜를 베푸셨다고 주장
했습니다. 그러나 영원 칭의론은 성경적이라고 보기 어렵
습니다. 로마서 3장 26절에서는 칭의가 신자의 믿음으로
말미암는 것임을 분명히 하고 있기 때문입니다.[17]

또한, 빈센트 바코트(Vincent E. Bacote)는 카이퍼가 유럽인
들이 다른 인종에 비해 우월하다는 인식을 가지고 있었다
고 비판했습니다.[18] 시대적 배경을 감안하더라도 인종적 우
월 의식을 성경적이라고 보기는 어렵습니다.

하지만, 결점이 있다고 해서 카이퍼의 전 생애에 걸친 사
역이 과소평가될 수는 없습니다. 그는 모든 영역에 미치는
하나님의 주권을 선포함으로써 그리스도인의 사명이 교회
안에 머물러 있지 않음을 분명히 했습니다. 그리고 스스로
가 그것을 실천하기 위해 사회의 개별 영역에서 치열한 영
적 전쟁을 수행했습니다.

하나님은 우리가 완전한 의인이라서 사용하시는 것이 아
닙니다. 죄인일지라도 은혜를 베푸시는 분이십니다. 중요
한 것은 그 은혜 앞에 겸손함입니다.

카이퍼는 스스로 하나님 앞에서 얼마나 불완전한 죄인인
지를 인식할 줄 아는 사람이었습니다.[19] 그리스도인들은 어

---

16   죄인 된 인간을 의롭다고 칭해 주심.

17   김광열, 『구원과 성화』(총신대학교출판부, 2016), pp. 83-85.

18   빈센트 바코트, 『정치적 제자도: 공적 삶을 위한 신학 원리』, p. 29.

19   이는 카이퍼의 묵상집인 『하나님께 가까이』에 잘 드러납니다. 특히,

떤 경우에도, 아무리 훌륭한 위인이라 하더라도 인간을 절
대시하는 우상 숭배에 빠지지 않도록 해야 합니다. 하지만,
그리스도 앞에 겸손하며, 오직 그리스도만을 왕으로 모시
기 위해 일생을 바친 사람의 생애를 보면서, 그를 본받아
살기 위해 노력하는 것은 가치 있는 일입니다.

2. 칼빈주의 세계관

칼빈주의는 칼빈의 신학 사상을 따르는 이들을 배타적으
로 대하며 조롱하던 표현이었습니다. 오늘날 칼빈을 따르
는 신학 분파를 가리킬 때는 '칼빈주의'라는 용어보다 '개혁
파'라는 명칭이 사용되기도 합니다.[20] 카이퍼 역시 "그리스

제71장(주께서 나를 보살피셨나이다)에서는 사람은 누구나 하나님의
뜻에 어긋나는 방향으로 갈 수 있지만, 그것을 교정하시고 감독하셔
서 바로 잡으시는 분은 하나님이심을 명확히 하고 있습니다(아브라
함 카이퍼, 『하나님께 가까이』 정성구 옮김 [CH북스, 2019], pp. 361-366) 다
른 장에서도 카이퍼는 "실제로 하나님께서 원하시는 만큼 그분을 사
랑하는 사람은 전혀 없는 것이다"(Ibid., p. 188)라고 표현할 정도로 인
간의 연약함을 잘 이해하고 있습니다.

[20]   개혁파는 칼빈 개인의 사상만을 중심으로 다루는 신학은 아닙니다.
종교개혁으로부터 비롯된 프로테스탄트 신학을 가리키는 것입니다.
개혁파는 'TULIP'이라고 불리는 칼빈주의 5대 교리(전적부패, 무조건
적 선택, 제한적 속죄, 불가항력적 은혜, 성도의 견인), 종교개혁의 다섯 솔
라 (오직 성경, 오직 믿음, 오직 은혜, 오직 그리스도, 오직 하나님의 은혜), 특
정 신앙고백(웨스트민스터 신앙고백, 벨기에 신앙고백, 하이델베르크 요리
문답, 도르트 신조) 그리고 성경을 언약의 구조로 보는 신학 등도 중심

도의 교회가 한 사람의 이름에 얽매이는 것"의 부당함을 지적하며 칼빈주의를 신학적으로 사용하는 것을 피하고 개혁파라는 이름을 사용해야 한다고 주장했습니다. 대신 그는 칼빈주의가 "교회 밖의 삶", 특히 정치 영역에 존재해야 한다고 주장했습니다.[21]

영역주권 사상에서 취하는 칼빈주의는 "교회적 개념이나 신학적 개념 혹은 분파적 개념이 아닌 인류의 일반적 발전에서 중요한 한 단계"[22]입니다. 이처럼 삶의 모든 영역에 미치는 하나님의 주권과 공적 영역에서 그리스도인들의 참여를 강조하는 신학적 경향을 정통 칼빈주의와 구별하여 신(neo) 칼빈주의라 부르기도 합니다.[23] 그러나 본서에서는 신학적 논의가 아니라 삶의 체계로서 칼빈주의를 다루는바, 개혁파나 신칼빈주의가 아닌 '칼빈주의'라는 용어를 그대로 사용할 것입니다.

한편, 세계관(Worldview)은 "한 사람이 사물에 대해 가지는 근본적 신념의 포괄적 틀"[24]을 의미합니다. 본래 '세계관'이라는 용어는 독일의 철학자인 임마누엘 칸트(Immanuel

---

사상으로 여깁니다(조너선 매스터, 『개혁 신학이란 무엇인가』, 전의우 옮김 (생명의말씀사, 2025), pp. 32-48).

21 아브라함 카이퍼, 『반혁명 국가학 1: 원리』, pp. 622-623.
22 아브라함 카이퍼, 『칼빈주의 강연』, p. 47.
23 라이언 매킬헤니, 『하나님 나라와 세상 나라: 두 왕국론에 관한 신칼빈주의적 고찰』, 조영팔 옮김 (개혁주의 신학사, 2020), p. 28.
24 알버트 월터스, 마이클 고힌, 『창조 타락 구속』, 양성만 옮김 (IVP, 2017), pp. 24-25.

Kant)에 의해 처음 사용되었으나, 세계관에 기독교 사상을 접목하여 활용하기 시작한 것은 제임스 오어(James Orr)와 아브라함 카이퍼입니다.

먼저, 오어가 활동하던 당시의 시대적 상황은 계몽주의와 무신론이 성행하던 때였습니다. 그는 세속의 공격을 막기 위해서는 신학의 "세부적인 교리를 통해서가 아니라 총체적인 세계관으로" 대항해야 한다고 보았습니다.[25]

카이퍼는 오어의 관점과 비슷했지만, 모든 종류의 기독교 세계관이 아니라 칼빈주의에 초점을 맞추었습니다. 카이퍼만의 독특한 기여는 "인간의 자율적 이성을 명백히 거부"[26]하고 중립적 이성을 인정하지 않았다는 점에 있었습니다. 즉, 이성은 하나님을 인정하든 부정하든 어떤 형태로든 세계관의 영향을 받는다고 보았습니다.

특히, 프랑스혁명에 뿌리를 둔 모더니즘 세계관은 "하나님은 없으며 주인도 없다"(No God, No Master)[27]라는 문구를 중심으로 삶의 모든 영역에서 하나님을 제거한 것이었습니다.

반면 칼빈주의는 하나님의 주권을 "일반적 우주론적 원리"[28]로 두는 포괄적 삶의 체계입니다. 따라서 카이퍼에게

---

25   최재호, 『성경적 세계관의 원리와 실천』, (청지기서원. 2022), p. 40.
26   마이클 고힌, 크레이그 바르톨로뮤, 『세계관은 이야기다』, p. 63.
27   최재호, 『성경적 세계관의 원리와 실천』, p. 44.
28   아브라함 카이퍼, 『칼빈주의 강연』, p. 32.

칼빈주의는 하나님의 주권에 반기를 드는 세계관에 맞서는 무기이자, 모더니즘의 침략으로부터 기독교를 지켜낼 수 있는 총체적 원리였습니다.

카이퍼가 칼빈주의를 "협소한 신앙 고백적 해석"[29]으로 보는 시각에 반대하며, "포괄적이고 광범위한 힘을 가진 삶의 체계"[30]로 이해하고 수용할 것을 제안한 것도 이러한 이유 때문입니다.

1) 신성에 대한 의식과 반립

그리스도인이 영적 전쟁을 수행하는 방식을 세계관의 충돌로 보는 시각은 '신성에 대한 의식'과 '반립'(the antithesis)이라는 개념으로 설명될 수 있습니다. 존 칼빈(John Calvin)은 사람에게는 누구나 '신성에 대한 의식'이라는 것이 있다고 봤습니다. "하나님은 무지를 핑계 삼아 도망하는 자가 없도록 자기의 신적 능력에 관한 어떤 지성을 모두에게 친히 넣어 주셨다"[31]는 것입니다.

다음은 인간에게 신성에 대한 의식이 있음을 드러내는 성경 구절입니다.

---

29 아브라함 카이퍼, 『칼빈주의 강연』, p. 24.
30 아브라함 카이퍼, 『칼빈주의 강연』, p. 20.
31 존 칼빈, 『기독교 강요』, 문병호 옮김 (생명의 말씀사, 2020), 1권 3장 1절

이는 하나님을 알 만한 것이 그들 속에 보임이라 하나님께서 이를 그들에게 보이셨느니라. 창세로부터 그의 보이지 아니하는 것들 곧 그의 영원하신 능력과 신성이 그가 만드신 만물에 분명히 보여 알려졌나니 그러므로 그들이 핑계하지 못할지니라(롬 1:19-20).

신성에 대한 의식이 내재화되어 있다고 해서 모든 사람이 같은 하나님을 믿는 것은 아닙니다. 하나님의 영원하신 능력과 신성이 만물을 통해 드러나는 것을 일반계시라고 합니다. 하지만, 죄로 인해 타락한 인간의 지성은 혼탁하여서 이것을 바르게 인식하지 못합니다. 성령으로 말미암아 지성과 신성에 대한 의식을 포함한 우리의 전 인격이 거듭난 후에야 비로소 우리는 하나님에 관한 올바른 지식을 가질 수 있습니다.

코넬리우스 반틸(Cornelius Van Til)은 "사람 안에 있는 하나님의 일반계시는 죄인들이 그것을 억누르려는 모든 노력을 다해도 계속해서 자라난다는 것 이상의 것이 아니다"[32]라고 주장합니다.

신성에 대한 의식이라는 것은 누구나 '무언가를 믿는' 종교적 감각이 있다는 뜻입니다. 세계관은 결국 이 감각을 따라 것은 결국 자신이 믿는 대상을 중심으로 형성되며, 서로

---

[32] 코넬리우스 반틸, 『코넬리우스 반틸의 조직신학 서론』, 이승구, 강웅산 옮김 (크리스챤, 2009), p. 422.

다른 대상을 믿는 세계관은 섞일 수 없습니다. 칼빈은 "세상은 하나님을 아는 모든 지식을 할 수 있는 한 떨어내 버리고, 모든 수단을 동원하여 그에게 드리는 예배를 변절시키려고 노력한다"[33]라고 말했습니다.

카이퍼는 이를 세계관의 충돌로 본 것이며 세계관의 충돌을 다른 말로 하면 '반립'이라고 할 수 있습니다. 카이퍼와 같은 시기에 활동했던 신학자인 헤르만 바빙크(Herman Bavinck)의 다음 글은 '반립'을 이해하는 데 도움을 줄 것입니다.

> 우리가 기독교를 올바로 이해하고 그것의 정수를 지켜내고자 한다면, 우리는 단호하게 오늘날의 사유 체계와 사람들이 스스로 발견하고 만들어낸 세계관에 반대하는 입장을 취할 수밖에 없습니다. '중재'는 있을 수 없습니다. 화해(verzoening)도 생각할 수 없습니다. 동시대인들의 환대를 사기에 그들은 너무 진지합니다. 기독교 신앙과 근대적 인간의 근원적이고 날카로운 대립은 이 둘이 함께 가는 것을 불가능하게 하며 단호한 선택이 필수라는 통찰을 우리에게 마련해 줍니다. 평화가 아무리 소중한 것이라고 해도, 싸움은 우리 앞에 놓여 있습니다.[34]

---

33 존 칼빈, 『기독교 강요』, 1권 3장 3절.
34 헤르만 바빙크, 『헤르만 바빙크의 기독교 세계관』, 김경필 옮김 (다함, 2020), p. 76.

칼빈주의 세계관이 무조건적인 평화를 지향하지 않는다는 것은 주목할 만한 부분입니다. 우리는 하나님의 주권적인 사랑을 전하고, 평강의 왕으로 오신 그리스도를 전해야 할 의무가 있지만, 동시에 여호와 하나님이 유일한 하나님 이심을 선포하고 하나님의 진리를 위하여 싸워야 할 의무도 있습니다. 하나님의 진리를 대적하는 이들까지 평화적 관계의 대상으로 삼아 적과의 동침을 시도하는 것은 평화를 가장한 타협일 뿐입니다.

혹자는 이쪽도 맞고 저쪽도 맞을 수 있다는 식의 회색지대를 만들어 자신은 치우치지 않고 객관적인 사람이자 관용적인 성품을 가진 사람으로 보이고자 하는 욕망을 분출합니다. 그러나 자기 영광을 구하느라 그리스도가 왕이 되는 일에 있어서는 뜨겁지도 않고, 차갑지도 않기를 택하는 자들을 통해서 하나님의 주권이 드러날 리는 없습니다.

주의해야 할 것은 세계관의 '반립'이라는 것은 신학과 세속 학문, 교회와 세속 정부와 같은 1차원적인 대결 구도가 아니라는 것입니다. 세속은 타락하고 왜곡된 부분이 있지만, 선한 요소 또한 존재합니다.

하나님이 신학뿐만 아니라 세속의 학문을 통해서도 섭리하시며, 교회뿐만 아니라 세속 국가를 통해서도 역사를 쓰시는 분임을 인정해야 합니다. 반대로 하나님의 자리에 다른 것을 놓으려는 자들은 신학을 통해서도 하나님을 부정할 수 있으며, 교회의 이름으로 하나님께 반기를 들 수도 있습니다.

우리의 싸움은 하나님의 절대적 주권을 끌어내리려는 모든 시도에 맞서는 것입니다. 그 범위는 한 인간 내면에서 일어나는 육신의 법과 영의 법의 싸움에서부터 국가 단위로 일어나는 영적 전쟁까지 포괄적입니다.

칼빈주의가 '반립'의 과정을 통해 추구하는 것은 변혁입니다. 교회가 아닌 세속의 모든 영역이 하나님의 주권을 인정한다는 것은 쉬운 일이 아닙니다. 세계관의 변혁이 일어나지 않는다면 불가능합니다. 그래서 모든 영역 안에서 하나님이 주권을 선포하는 영역선교 역시 세계관 전쟁이라고 볼 수 있습니다.

오늘날 많은 이가 기독교 세계관을 이야기하지만, 카이퍼가 특히 칼빈주의를 강조했듯이 기독교 세계관은 단일하지 않습니다. 리처드 니버(H. Richard Niebuhr)에따르면 기독교 세계관은 다음과 같이 다섯 가지 유형으로 구분될 수 있습니다.

첫째, 문화와 대립하는 그리스도

둘째, 문화에 속한 그리스도

셋째, 문화 위에 있는 그리스도

넷째, 문화와 역설적 관계에 있는 그리스도

다섯째, 문화를 변혁하는 그리스도[35]

---

35   리처드 니버, 『그리스도와 문화』, 홍병룡, 임성빈 옮김 (IVP, 2007) 참고.

세계관을 유형화한다는 것이 타당한 것인지에 대한 논란이 있기는 하지만, 그것은 세계관의 다양한 유형을 다섯 가지로 간추리는 것에 대한 비판이지, 세계관이 하나라고 보는 입장은 아닙니다. 니버의 다섯 가지 유형을 기준으로 볼 때, 칼빈주의 세계관은 문화를 변혁하는 그리스도라는 세계관과 맞닿아 있습니다. 인간을 하나님의 자리에 두려는 사상을 하나님 주권 사상으로 변혁시키는 과정이 영역선교입니다.

2) 삶의 가치 기준, 성경

영역선교가 가진 잠재된 위험성 중 하나는 세속을 변혁시키려 세속에 들어갔다가 오히려 세속적 가치에 타협할 가능성이 있다는 것입니다. 이러한 위험성을 방지하기 위해서는 성경이 성령으로 영감된 하나님의 말씀이라는 사실에 대해 타협하지 않는 태도가 필요합니다.[36]

---

[36] 성경을 하나님의 말씀이자 절대적인 가치 기준으로 보는 태도에 대하여 문자주의적 해석을 하는 근본주의로 비난하는 이들이 있습니다. 하지만, 개혁파 신학은 성경을 '언약'이라는 맥락에서 해석합니다. 예를 들어, 게할더스 보스(Geerhardus Vos)는 성경을 하나님이 역사를 통해 점진적으로 계시하시는 말씀으로 보며, 구속사의 핵심구조에 언약이 있다고 봅니다 (게할더스 보스, 『성경신학』 원광연 옮김 [CH북스, 2017] 참고).

칼빈은 "하나님께서 진리가 오직 성경 안에서 영원히 기억되는 것을 기뻐하셨다"라고 말했습니다.[37] "성령이 성경의 저자"[38]이시기에, 성경의 권위는 하나님으로부터 온 것이며 교회조차도 그 권위를 승인할 자격이 없습니다.[39] 따라서 칼빈은 "성경을 배척한 채 하나님께 가 닿는 길"이 있다고 믿는 이들을 "광란에 사로잡혀" 있는 자들이라 비판했습니다.[40]

성경을 하나님의 말씀으로 믿는다는 것은 우리가 세계를 바라보고, 판단하는 가치 기준까지도 성경에 두는 것입니다. 우리가 삶에서 만나는 사건이나 현상의 위치를 평가하고, 옳고 그름을 분별하며 우리 삶의 방향을 인도하는 역할을 하는 것이 세계관이라면,[41] 어떤 세계관이 우리가 사용할 만한 것인지 판별하는 기준은 성경을 하나님의 말씀으로 믿는 믿음입니다.

"하나님의 선하시고 기뻐하시고 온전하신 뜻"을 삶의 전 영역에서 분별하려면 우리의 세계관이 성경에 의해 수정되어야 합니다. 알버트 월터스(Albert M. Wolters)와 마이클 고힌(Michael W. Goheen)은 이를 로마서 12장 2절의 "마음을

---

37   존 칼빈, 『기독교 강요』, 1권 7장 1절.
38   존 칼빈, 『기독교 강요』, 1권 9장 2절.
39   존 칼빈, 『기독교 강요』, 1권 7장 1절.
40   존 칼빈, 『기독교 강요』, 1권 9장 1절.
41   알버트 월터스, 마이클 고힌, 『창조 타락 구속』, pp. 28-29.

새롭게 하는 일"이라고 주장했습니다.[42]

이에 대해 칼빈은 우리가 하나님의 창조 세계를 이해하려면 성경이라는 "안경"을 사용해야 한다고 말합니다. 그에 따르면, 하나님을 아는 지식은 "그냥 두면 혼란스러운" 것이지만, 성경은 "참 하나님을 분명하게 보여"줍니다.[43]

그가 성경을 대할 때 "그리스도를 중보자로 제시하는, 믿음과 회개의 고유한 교리"로 한정하지 않았다는 점이 중요합니다. 대신, 그는 성경이 "세상을 창조하시고 통치하시는 한 분 참 하나님을" 드러냄으로써 하나님에 대한 지식이 "거짓 신들의 무리와 섞이지 않도록 한다"고 보았습니다.[44]

하지만, 성경이 우리 삶의 일거수일투족을 세세하게 알려 주지는 않습니다. 성경에 담아 놓으신 하나님의 신비의 말씀으로부터 일상의 맥락에 적용할 수 있는 규범을 길어 올리기 위해서는 "경험적 연구와 역사적 경험"[45]이 요구됩니다. 바로 이 지점이 영역선교가 필요한 대목입니다. 교회 영역이 교회 밖의 영역의 모든 규범을 일일이 산출해 줄 수 없기 때문입니다.

일상에서의 규범이라고 해서 사람들이 자기 소견에 옳은 대로 정해도 되는 것은 아닙니다. 성경은 이 모든 과정에서

---

42   알버트 월터스, 마이클 고힌, 『창조 타락 구속』, p. 33.
43   존 칼빈, 『기독교 강요』, 1권 6장 1절.
44   존 칼빈, 『기독교 강요』, 1권 6장 2절.
45   알버트 월터스, 마이클 고힌, 『창조 타락 구속』, p. 76.

도 여전히 최고 권위를 가진 기준이 됩니다.

다만, 성경에 기초한 세계관은 개별 영역이 가진 독특성과 차이성을 인정함과 동시에 모든 영역이 본질에 있어서 일치한다는 개념을 모순 없이 조화시킬 수 있습니다. 바빙크에 따르면, 이처럼 통일적인 기능을 할 수 있는 것은 기독교 세계관이 유일합니다.[46]

3. 영역주권

영역선교를 논하기에 앞서 영역주권을 간략히 소개하는 것으로 이번 장을 마무리하겠습니다. 아브라함 카이퍼와 영역주권 사상을 들어 보신 분에게 "우리 인간 삶의 모든 영역에서 만유의 주재이신 그리스도께서 '나의 것이다!'라고 외치지 않는 영역은 한 치도 없습니다"[47]라는 선포는 아주 익숙할 것입니다. 이 메시지는 카이퍼가 설립한 자유대학교(Vrije Universiteit) 개교 연설에서 선언된 것입니다. 그러나 카이퍼의 개교 연설을 조금 더 주의 깊게 읽어보면, 영역주권이 단순한 선언이 아님을 알 수 있습니다.

---

46   헤르만 바빙크, 『헤르만 바빙크의 기독교 세계관』, p. 114.

47   아브라함 카이퍼, 『아브라함 카이퍼의 영역주권: 인간의 모든 삶에 미치는 하나님의 주권』, p. 71.

이 문구가 나온 맥락이 학문이라는 특정 영역의 역할을 촉구하는 과정이었다는 사실을 고려하면, 영역주권은 보다 실천적으로 활용되어야 합니다. 칼빈주의가 삶의 모든 영역을 포괄하는 사상적 체계라면, 영역주권은 칼빈주의를 사회 원리로 승화시킨 것이라고 할 수 있습니다.

영역주권은 창조 질서 속에서 각자의 고유한 역할과 의미를 가진 영역이 있다고 봅니다. 각 영역은 하나님으로부터 위임된 고유한 주권과 소명을 가지고 있기 때문에, 국가나 교회는 다른 영역들을 임의로 통제할 수 없습니다. 이러한 영역주권의 원리는 본질적으로 칼빈주의에서 도출됩니다.

카이퍼는 칼빈주의를 단지 신학의 한 분파 정도가 아닌 삶의 체계로 보았습니다. 칼빈주의는 근본적인 정치적 개념의 문을 열었고, 이 정치적 개념은 하나의 지배적인 원리로부터 나옵니다.

이때의 지배적 원리는 "우주론적으로 가시적이거나 불가시적인 모든 영역의 전체 우주를 다스리시는 삼위일체 하나님의 주권"입니다. 이 근본 주권으로부터 "국가에 나타나는 주권, 사회에 나타나는 주권, 교회에 나타나는 주권"이 연역되어 나오는 것입니다.[48]

그러나 카이퍼는 영역을 명확하게 유형화하지는 않았습니다. 그의 『칼빈주의 강연』이라는 책을 보면 종교, 정치,

---

[48] 아브라함 카이퍼, 『칼빈주의 강연』, p. 98.

학문, 예술이라는 네 가지 유형에 대해 설명하지만, 『반혁명 국가학』이라는 다른 책에서는 국가, 외교, 가정, 농업 등 더 세분화된 삶의 영역을 다루기도 합니다.

카이퍼 연구자인 리처드 마우(Richard Mouw)는 다음과 같이 말합니다.

> 만일 우리가 영역의 정확한 개수를 엄밀하게 기대한다면 카이퍼는 우리에게 별로 도움이 되지 않을 것이다. 그러나 그러한 이유로 카이퍼가 분명하게 드러낸 중요한 주제를 우리가 가볍게 여겨서는 안 된다.[49]

삶의 모든 영역을 굳이 유형화하려는 노력보다는 영역주권의 가치와 원리를 올바르게 파악하고 있는 것이 더 유익합니다. 영역주권은 우리가 흔히 접하는 메시지보다 더 많은 원리를 담고 있습니다. 하나님의 주권이 삶의 포괄적인 영역들에 미친다는 것 외에 각 영역은 독자적인 주권과 소명을 갖는다는 것과 그 주권은 오직 하나님으로부터 직접적으로 부여되는 고유한 것이며, 그렇기 때문에 국가는 모든 영역이 가진 주권을 보호해 주어야 한다는 것 등입니다.

---

49   리처드 마우, 『아브라함 카이퍼: 리처드 마우가 개인적으로 간략하게 소개하는』, 강성호 옮김 (SFC, 2015), p. 46.

영역주권을 외친 카이퍼의 선언만을 구호로 활용하기보다는, 영역주권을 실제 삶의 맥락에 적용할 수 있는 원리에 주목한다면 각 영역의 고유한 소명은 자연스럽게 드러날 것입니다. 그 모든 소명을 몇 가지의 유형으로 묶기에 우리 사회는 너무나 다채롭습니다.[50]

특히, 영역선교를 실천하는 데 있어서 영역주권의 원리들을 균형 있게 다루는 것은 필수적입니다. 영역선교는 개별 영역에서의 자율적인 실천을 통해 이루어져야 하고, 영역주권 원리는 그러한 실천의 당위성을 사상적으로 그리고 사회 구조적으로 지탱하기 때문입니다.

모든 영역의 행위자가 자기가 가진 권한과 소명을 인식하지 못하거나, 국가가 다른 영역의 주권을 함부로 통제할 수 없다는 원리를 알지 못한다면 진정한 의미의 영역선교

---

50 조금 더 나아가자면, 영역(sphere)은 일종의 상상의 산물이라고도 볼 수 있습니다. 이 통찰은 베네딕트 앤더슨(Benedict Anderson)의 국가 개념에 빚집니다. 그는 '국가'나 '민족'과 같은 공동체는 공통의 정체성을 공유하며 서로 연결되어 있다고 믿는 "상상된 공동체"라고 봤습니다(베네딕트 앤더슨, 『상상된 공동체』, 서지원 옮김 [길, 2018] 참고). 그런 점에서 영역(sphere)을 규범, 질서, 문화, 조직, 역사, 감정 등 공통된 정체성을 공유한다고 믿는 사람들의 공간이라고 보는 것도 충분히 가능한 일입니다. 한편, 존 밀뱅크(John Milbank)는 세속(secular)이라는 개념 자체도 상상의 결과물로 봅니다. 그에 따르면 세속은 본래 "공간이나 영역이 아니라 시간"을 의미한 것이었습니다. 하지만, "이론상으로나 실제에 있어서, 하나의 영역으로서 세속을 상상해야만 했다"는 것입니다 (존 밀뱅크, 『신학과 사회이론: 세속 이성을 넘어서』, 서종원, 임형권 옮김 [새물결플러스, 2019] p. 62).

는 수행될 수 없습니다.

따라서 다음 장에서는 영역주권의 원리를 선교적으로 고찰할 것입니다.

제3장

영역선교의 원리와 방법론

1. 영역주권의 핵심 원리와 실천 원리

영역주권을 선교적으로 적용한다는 것이 단순히 '모든 영역에서의 하나님 주권'을 선포하거나 모든 영역의 사람이 기독교 세계관을 가지고 전도 활동을 하는 것만을 의미해서는 안 됩니다. 영역주권의 원리가 적용되지 않은 왜곡된 영역이 다시 본래의 원리대로 작동할 수 있도록 회복시키는 작업이 되어야 합니다. 이 원리는 기독교 세계관만으로는 설명될 수 없으며, 카이퍼의 영역주권 사상에 관한 논의에서 구체적으로 추출됩니다.

영역주권은 핵심 원리와 실천 원리로 구분하여 볼 수 있습니다. 핵심 원리와 실천 원리라는 명칭상의 구분은 임의로 한 것이지만, 그 내용은 카이퍼의 주장에 근거한 것입니다.

먼저, 핵심 원리는 카이퍼가 영역주권을 주장하면서 다음과 같이 선언한 내용에서 도출한 것입니다.

> 우리 인간 삶의 모든 영역에서 만유의 주재이신 그리스도께서 "나의 것이다!"라고 외치지 않은 영역은 한 치도 없습니다.[1]

한편, 실천 원리는 카이퍼가 제시한, 하나님의 절대주권이 표현되는 두 가지 방식에 근거합니다. 그는 "우리 삶의 모든 부분의 고유한 영역을 통한 방식"과 "하나의 같은 정부 아래 모두를 통합하는 집단적 영역을 통한 방식"을 언급한 바 있습니다.[2]

1) 핵심 원리

핵심 원리를 간략히 설명하면 '모든 영역에 미치는 하나님의 주권(혹은 통치권)'입니다. 이는 우리가 어떻게 살아야 한다는 구체적인 지침을 주지는 않지만, 선포의 역할과 보편규범의 역할을 합니다.

---

[1] 아브라함 카이퍼, 『아브라함 카이퍼의 영역주권: 인간의 모든 삶에 미치는 하나님의 주권』, p. 71.
[2] 아브라함 카이퍼, 『반혁명 국가학 1: 원리』 p. 296.

(1) 선포의 역할

선포의 역할은 일상에서 발을 딛고 사는 세속의 영역조차도 하나님의 통치권 안에 있다는 것을 상기시킨다는 뜻입니다. 교회 안에서의 우리는 하나님을 주인이라 표현하고 예수 그리스도를 왕이라 찬양하지만, 정작 삶의 영역에서는 자기 소견에 옳은 대로 행할 때가 많습니다.

다양한 신앙적 이유가 있겠지만, 추정할 수 있는 한 가지 이유는 우리가 예수 그리스도를 구속의 주로만 기억하기 때문입니다. 그리스도를 자신을 천국으로 이끌 분으로는 여기지만, 구체적인 삶의 맥락에서 역사를 일으키는 분으로 관계 맺지 않기 때문입니다.

그러나 그리스도를 고난받으시고 부활하신 구속의 주로만 기억하는 것은 중세 교회의 전통입니다. 초대 교회는 그리스도를 "창조하시고, 창조 내에서 섭리하시고, 어그러진 창조를 회복하시는 분"으로 기억했습니다.[3] 영역주권의 핵심 원리는 우리의 모든 삶의 영역이 창조주의 섭리 가운데 있음을 우리 영혼에 각인시킵니다.

---

[3] 주종훈, 『일상 성찬: 삶의 모든 영역을 그리스도와 연결하는 방식』 (두란노서원, 2019), p. 77.

(2) 보편규범의 역할

보편규범의 역할은 모든 영역을 통일적으로 규율하는 규범이 있다는 뜻입니다. 영역주권은 하나님의 통치권이 삶의 모든 영역에 미친다는 핵심 원리를 담고 있지만, 그 원리를 실질적으로 수행하는 것은 물리적 권력이 아니라 규범적 힘입니다.

즉, 모든 영역이 공통의 규범에 따르는 원리를 통해서입니다. 모든 영역의 행위자는 자기 영역을 경작하는 데 있어서 성경적 가치를 자의대로 적용할 수 없습니다. 하나님이 주인이 되고 자신은 철저히 피조물이 되는 방식의 해석만이 가능합니다.

성경을 빙자하면서 사실상 성경을 해체하는 방식은 배격해야 마땅합니다. 그런 점에서 이 보편규범의 역할은 영역주권이 지향하는 유일한 세계관인 칼빈주의 세계관과 연결됩니다. 교회, 정부, 학문, 예술 등 모든 영역은 특정 기관이나 인물의 통치를 통해서가 아니라 하나님 주권으로 대표되는 칼빈주의 세계관에 의해 운영됨으로써 하나님의 통치를 받고 있음을 드러낼 수 있습니다.

2) 실천 원리

핵심 원리가 모든 삶의 영역에 영향을 미치는 보편규범
이라면, 실천 원리는 개별 영역이 어떻게 작동해야 하는지
를 구체적으로 드러내는 실천 규범입니다. 전술했듯이 카
이퍼는 영역주권을 적용하는 방법으로 '모든 영역의 자율
성'과 '정부(국가)의 관리자 역할' 두 가지를 제시했습니다.

첫째, 모든 영역의 자율성은 '우리 삶의 모든 부분의 고유
한 영역을 통한 방식'입니다. 이 방식은 모든 영역이 하
나님으로부터 주권을 위임받은 독립적이고 자율적인 존
재이며, 그 안에는 각 영역만의 고유한 소명이 있음을 말
합니다.

둘째, 정부(국가)의 관리자 역할은 '하나의 같은 정부 아
래 모두를 통합하는 집단적 영역을 통한 방식'입니다. 여
기에는 정부(국가)가 가진 독특한 의무인 관리자 역할이
함축되어 있습니다. 이 방식을 따르는 정부는 개별 영역
의 주권을 보호하고 모든 영역이 조화롭게 상호 작용을
할 수 있도록 해야 합니다.

이 두 가지 실천 원리는 반드시 균형 있게 추구되어야 합
니다. 만일, 어느 한쪽이 강조되면 편향적 사고에 빠질 위
험이 있습니다. 예를 들어, 모든 영역의 자율성이 보장되어

야 한다는 원리에만 집중하면, 자율적인 행위가 하나님의 창조 질서를 어그러뜨리는 방향을 취해도 이에 대해 적절한 제동을 걸지 못합니다. 개별 영역이 자율성을 갖는다고 해서 그것이 하나님의 주권을 넘어서도 된다는 의미는 아닙니다.

한편, 국가는 창조 질서를 거스르는 움직임을 제재할 수 있는 관리자의 권한을 가지고 있습니다. 그러나 국가의 관리자 권한을 너무 강조하면 국가의 역할이 비대해지고, 기독교적 가치를 자의적으로 해석하여 휘두를 수 있습니다. 제임스 스미스는 "성화된 국가는 자신이 준 궁극적임을 인식하는 국가"라고 주장했습니다.[4] 국가는 다른 영역이 갖지 못한 독특한 권한을 갖지만, 그 권한 역시 하나님의 주권으로부터 위임받은 것이며 자의적으로 휘두를 수 있는 궁극적 권한으로 착각해서는 안 됩니다.

(1) 모든 영역의 자율성

영역주권 사상에서 모든 영역은 독립성과 자율성을 가지고 있습니다. 모든 영역이 가진 주권은 어느 누구로부터 파생된 것이 아니라 하나님으로부터 직접 주어진 것이기 때문입니다. 국가든 교회든 가정이든 각자만의 주권을 위임받은 존재라는 점에서 하나님 아래 모두 평등한 체계입니다.

---

4   제임스 스미스, 『왕을 기다리며: 하나님 나라 공공신학의 재형성』, p. 213.

즉, "본래의 완전한 주권은 그 어떤 피조물에 기초하는 것이 아니라 반드시 하나님의 위엄과 일치해야" 합니다.[5] 그런 점에서 영역주권은 사회 각 영역이 가진 주권이 국가로부터 파생되거나 국민의 의지로 생겨난 것이라고 보지 않습니다.

카이퍼는 군주 혹은 정부에게 본래부터 주권이 있다고 보는 국가 주권이나 국민에게 본래부터 주권이 존재했다고 보는 국민 주권을 모두 반대했습니다.[6] 국가와 국민도 모두 하나님으로부터 주권을 위임받은 대상이지 스스로 주권을 가지고 있는 존재가 아닙니다.

다음 카이퍼의 말은 그가 왜 국가 주권과 국민 주권을 반대하는지 잘 설명합니다.

> 정부의 주권이 하나님으로부터 파생된 것이 아니라 그 자체로 있다고 가정한다면, 전제와 폭군의 절대주의가 위협을 가하고 국민의 자유는 발붙일 곳이 없어진다. 반대로, 국민의 의지에서 고위 권위를 추론하면, 정부 권력은 완전히 사라지고 대다수 국민은 다수의 권력이 정부의 태도를 보임으로써, 자유의 기치 아래 방종이 난무하는 폭정을 경험하게 된다 (『반혁명 국가학』, 296-297).

---

5   아브라함 카이퍼, 『아브라함 카이퍼의 영역주권: 인간의 모든 삶에 미치는 하나님의 주권』, p. 27.

6   아브라함 카이퍼, 『반혁명 국가학 1: 원리』 pp. 308-309.

영역주권 사상이 특정 영역의 주권을 절대시하지 않고, 사회 각 영역의 독자적인 주권을 강조한다는 사실은 영역주권과 비슷한 형태를 가진 보조성(Subsidiarity) 개념과의 비교를 통해 더욱 분명히 드러납니다.

정치학자 폴 빌링햄(Paul Billingham)은 최근 연구에서 개신교회의 영역주권과 가톨릭교회의 보조성을 비교했습니다. 그에 따르면, 영역주권과 보조성 모두 일종의 분권화를 주장하지만, 성격이 다릅니다.

보조성 개념에서는 사회적 문제를 해결하는 주체가 가능한 낮은 수준, 즉 문제에 가장 가까운 사람들이어야 합니다. 하위 조직의 역량이 부족할 때만 상위 조직의 도움을 받을 수 있습니다. 보조성은 공동의 목적을 추구한다고 하지만, 전반적으로 위계적인 성격을 띠며, 각 영역의 고유한 주권을 인식하지는 않습니다.

반면, 영역주권은 모든 영역이 고유의 소명에 따라 할당된 책임을 수행해야 하며 개별 영역은 의사결정 권한을 독점적으로 소유한다고 봅니다. 다시 말해, 영역주권은 창조질서의 본질에 뿌리를 두고 있으며 각 영역만이 가진 독특한 소명을 인정합니다. 이러한 소명을 성취하기 위해서 개별 영역은 위계질서에 의해서가 아니라 영역 내부의 특정한 원칙에 따라 구조화되어야 합니다.[7]

---

[7]   Paul Billingham, "Subsidiarity, sphere sovereignty, and state sovereignty",

개별 영역의 독립된 주권을 강조하는 원리는 우리의 청지기적 소명과도 연결됩니다. 모든 영역이 독립성을 갖는 다는 것은 각자의 고유한 청지기적 소명을 따라 자기가 속한 영역을 경작하라는 의무를 포함하고 있습니다. 이는 단순히 서로의 영역을 침범하지 말라는 제약만을 의미하지 않습니다.

영역주권에서 핵심은 하나님의 주권이지만, 하나님은 개별 영역에 그분의 주권을 위임해 주셨습니다. 우리는 위임된 주권으로 우리에게 맡기신 영역을 경작해야 합니다.

빈센트 바코트(Vincent E. Bacote)는 우리가 창조 세계에 관한 "책임적 청지기"가 되어야 한다고 보고, "공적 영역이 우리의 참여와 변혁적 현존을 기다리고 있다"라고 주장했습니다.[8] 그는 또한 이 책임을 하나님의 형상과도 관련지었습니다. 즉, 인간이 하나님의 형상을 따라 지음 받았다는 것은 "하나님의 창조 세계를 맡아 관리하라는 과업을 받은 종이자 통치자"라는 뜻입니다.[9]

영역선교는 창조 세계를 경작할 책임을 교회나 선교단체에 떠넘기지 않습니다. 모든 그리스도인은 각자의 영역에서 청지기 의식을 가지고 일해야 합니다. 선교의 본질은 구원의 복음을 전하는 것이지만, 구원의 범위는 개별 구원을

European Journal of Political Theory(2024), pp. 5-13.

8   빈센트 바코트, 『정치적 제자도: 공적 삶을 위한 신학 원리』, pp. 45-46.
9   빈센트 바코트, 『정치적 제자도: 공적 삶을 위한 신학 원리』, p. 59.

넘어 모든 영역의 회복으로 확장됩니다. 이 회복 사역에 부름 받은 이는, 각 영역에 속한 모든 그리스도인입니다.

리처드 마우 역시 창세기의 명령을 모든 그리스도인이 받아들일 문화 사명으로 연결 지었습니다. "땅을 가득 채우라"는 말씀은 자손의 번성만을 의미하는 것이 아니라, 하나님이 창조하신 문화적 삶에 참여하여 하나님을 영화롭게 하게 하고 즐거워하는 것을 의미합니다.[10]

(2) 정부(국가)[11]의 관리자 역할

두 번째 실천 원리로서, 영역주권은 정부가 관리자 역할을 감당해야 한다고 말합니다. 카이퍼는 국가 주권을 범신론으로 간주하고 인정하지 않았지만,[12] 국가의 독자적이고 주권적인 역할 자체를 부정한 것은 아닙니다. 그는 영역주권을 주장한다고 해서 정부가 다른 영역에 간섭할 권리가 없다는 말이 결코 아니라고 직접적으로 언급했습니다.[13]

---

10 리처드 마우, 『아브라함 카이퍼: 리처드 마우가 개인적으로 간략하게 소개하는』, p. 24.

11 엄밀한 의미에서 국가(State)와 정부(Government)의 의미는 차이가 있습니다. 국가는 보다 추상적인 의미로서 정권의 변화와 상관없이 지속성을 갖지만, 정부는 정권의 변화에 따라 달라질 수 있습니다. 본 서에서는 국가를 오늘날의 행정부 개념과 같은 것으로 간주하고 사용했습니다.

12 아브라함 카이퍼, 『칼빈주의 강연』, pp. 106-111.

13 아브라함 카이퍼, 『칼빈주의 강연』, p. 118.

카이퍼는 국가의 주권에 대하여 오히려 다음과 같이 특별하게 간주했습니다.

> 국가의 주권은 개인을 보호하고 가시적인 삶의 영역에서 상호 정당한 관계를 규정하는 권세로서, 명령권과 강제력으로 이 모든 영역 위에 탁월한 것이다."[14]

그럼에도 영역주권이 국가의 관리자 역할까지도 부정하는 것으로 보는 견해가 있습니다. 하지만, 정치학자 세실 라보르드(Cecil Laborde)에 따르면, 이런 주장이 나오는 것은 국가의 관리자 권한을 무제한적이고 자의적인 것으로 오해하기 때문[15]입니다. 빌링햄 역시 국가는 다른 영역의 자율성을 침해할 수 없지만, "국가의 독특한 메타-관할적 권위는 인정된다"고 봅니다.[16]

실제로 카이퍼는 "정부가 통치하지 않거나 통치의 소명을 포기한다면 그리고 정부가 지시하는 권위 및 강제적인 권력을 가지고 행동할 용기가 없다면 그 정부는 근간이 없

---

14 아브라함 카이퍼, 『아브라함 카이퍼의 영역주권: 인간의 모든 삶에 미치는 하나님의 주권』, p. 33.

15 Cecil Laborde, *Liberalism's religion*(Cambridge, Massachusetts: Harvard University Press, 2017), p. 162.

16 Paul Billingham, "Subsidiarity, sphere sovereignty, and state sovereignty", p. 4.

는 것"[17]이라고 주장했습니다.

사실, 인간이 죄로 인해 타락한 이상, 국가는 필요합니다.[18] 카이퍼는 죄가 없었다면 인류는 하나의 유기적인 통일을 이룰 수 있었겠지만, 죄의 세력이 이러한 통일성을 해체했다고 주장했습니다.[19] 따라서 국가가 "창조 계획의 본질적 부분은 될 수 없어도, 타락의 쓰라린 결과와 그와 관련하여 죄와 저주의 결과를 완화하기 위하여" 존재하는 것은 우리에게 주신 일반은총이라고 볼 수 있습니다.[20]

죄로 인해 통일적 유기체를 구성할 수 없는 사회 속에서 각 영역이 조화롭게 상호 작용을 하기 위해 국가가 감당해야 할 사명은 관리자 역할입니다.

언급했듯이, 카이퍼는 이 권위를 특별하게 보았습니다. 왜냐하면, "이 권위는 다양한 영역 사이의 삶을 위한 것으

---

17 아브라함 카이퍼, 『아브라함 카이퍼의 정치강령』, p. 101.
18 급진 정통주의 신학자인 윌리엄 캐버너(William T. Cavanaugh)는 국가를 신화 화하는 근대적 사고를 비판하며 그리스도교 차원의 재상상화가 필요하다고 봅니다. 그는 성찬을 통한 대항정치를 구성할 것을 제안했고, 이는 결국 '무정부주의'로 귀결됩니다 (윌리엄 T. 캐버너, 『신학, 정치를 다시 묻다』, 손민석 옮김[비아, 2019], p. 82). 반면에, 카이퍼는 근대의 주권국가 개념이 "현재적 신"으로 정교화 되었다고 인식하면서도, (아브라함 카이퍼, 『아브라함 카이퍼의 영역주권』, p. 29) 국가의 필요성을 경시하지 않았습니다. 대신, 국가의 주권도 "메시아의 주권"으로부터 위임된 것에 불과하다는 영역주권을 주장함으로써 국가주권 개념의 변혁을 시도했습니다(Ibid, p. 30).
19 아브라함 카이퍼, 『칼빈주의 강연』, p. 99.
20 아브라함 카이퍼, 『반혁명 국가학 1: 원리』 p. 130.

로, 다양한 영역이 가시적인 건전한 상호 작용에 따라 물러나게 만들고, 공의의 경계선 안에 머물도록"[21] 하기 때문입니다.

다시 말해, 국가는 사회 영역의 권리를 보장하고, 공익을 위해 개입하며, 상충하는 이해관계를 중재하는 총괄적인 조정자이자 최종적인 책임자입니다.[22]

하지만, 영역주권에서 인정되는 국가의 관리자 역할이라는 것은, 라보르드의 주장처럼, 무소불위한 권력자를 의미하는 것이 아닙니다. 카이퍼는 국가가 모든 영역 '위'에 있는 것이 아니라 '옆'에 있는 것이라고 분명히 선을 그었습니다.[23] 그런 점에서 국가의 관리자 권한은 개별 영역의 독립적 권한 체계라는 첫 번째 실천 원리에서 파생되는 것이라고 봐도 무방합니다.

조나단 채플린(Jonathan Chaplin)의 말을 빌리자면, "다양한 사회적 관계의 다양한 법적 영역은 국가나 다른 어떤 구조도 넘을 수 없는 경계"[24]입니다. 정부는 다른 영역들이 상호 작용할 수 있도록 보호하고, 질서 있는 사회를 만들 독

---

21 아브라함 카이퍼, 『아브라함 카이퍼의 영역주권: 인간의 모든 삶에 미치는 하나님의 주권』, p. 33.

22 Paul Billingham, "Subsidiarity, sphere sovereignty, and state sovereignty", p. 5.

23 아브라함 카이퍼, 『아브라함 카이퍼의 정치강령』, p. 125.

24 Jonathan Chaplin, "Subsidiarity and Social Pluralism," in *Global Perspectives on Subsidiarity*, ed. Michelle Evans and Augusto Zimmermann (Dordrecht: Springer, 2011), p. 194.

특한 권한을 가질 뿐입니다.

> 국가는 지상에서 하나님 나라와 같은 최고 이상을 실현할
> 수 없으며, 하나님 나라가 드러날 그리스도의 재림 이후에
> 는 존재하지 않을 일반은총의 기초에 다름 아닙니다.[25]

만약, 정부가 자신에게 부여된 고유한 권한의 경계를 넘
어서 버리면, 국민은 저항할 수 있습니다. 카이퍼는 국가의
전능성을 저항해야 할 폭정으로 간주했습니다.[26] 영역주권
에서 국가는 명백하게 도구의 역할에 머물러 있습니다.

다음 카이퍼의 말을 읽어 보시기 바랍니다.

> 누구든지 성경에 있는 하나님의 계시를 우리와 함께 고백
> 하는 사람은 다음과 다르게 가르칠 수 없다.
>
> **첫째**, 국가는 피조물이 아니며, 죄와 저주를 통해서만 필
> 요하게 되었다.
> **둘째**, 국가는 지상에서 하나님 나라와 같은 최고 이상을
> 실현할 수 없다.
> **셋째**, 국가는 하나님 자신이 왕이 되시는 하나님 나라가

드러날 그리스도의 재림 이후에는 존재하지 않을 일반은
총의 기초이다.[27]

정치학자들의 영역주권에 관한 연구와 국가에 관한 카이
퍼의 주장을 종합하여 볼 때, 우리는 모든 영역이 하나님의
주권적 통치 아래에 있지만, 그 통치의 대리인으로서 기능
하는 영역은 국가(정부)임을 알 수 있습니다.

그러나 국가는 자의적인 권력으로 영역을 규율하는 것이
아니라 오직 하나님의 주권이라는 규범에 근거해 영역을
관리하는 역할을 해야 한다는 제한사항이 있으며, 이 제한
을 넘어 전능한 권위를 수행하려는 정부는 국민 저항의 대
상이 됨도 알 수 있습니다.

영역선교는 이처럼 국가의 독특한 권한과 제한 그리고
그에 대한 시민의 의식과 자세까지도 이해하는 것으로부터
시작되어야 합니다.

---

27   아브라함 카이퍼, 『반혁명 국가학 1: 원리』, p. 155.

2. 영역선교와 정치

전술한 두 가지 실천 원리 중에서 개별 영역의 실천과 관련된 것은 첫 번째 원리(모든 영역의 자율성)입니다. 하나님의 절대주권을 적용하며 사는 것이 교회 영역의 행위자들만이 아니라 학문, 교육, 예술, 과학 등 모든 영역 행위자의 고유 의무임을 말하고 있기 때문입니다.

반면에 두 번째 원리(정부의 관리자 역할)는 정부 영역의 특별한 역할을 논함과 동시에 영역선교가 수행될 수 있는 환경적 요건을 말하고 있습니다.

두 번째 원리 자체를 영역선교라고 부를 수는 없지만, 이것이 올바로 수행되지 않는 국가에서 영역선교가 원만하게 수행되기는 어렵습니다. 두 번째 원리가 원만하게 적용되는 선교 환경을 위해서는 모든 기독교 시민이 각자의 영역만이 아니라 정치 영역에도 관심을 가지고 참여할 수 있어야 합니다.

그런 점에서 기독교인 혹은 교회가 정치에 관심을 두지 말고, 복음만 신경 써야 한다는 주장은 타당하지 않습니다. 정치는 우리의 일상생활뿐만 아니라 복음을 전하는 선교적 환경에도 직접적인 영향을 미칩니다.

1) 공적 영역에서 종교의 자유

영역선교에서 말하는 정부의 관리자 역할은 공적 영역에서의 종교적 자유 문제와 분리되지 않으며 이는 곧 정치 영역의 문제로 확대됩니다. 어떤 이에게는 선교와 정치를 함께 논하는 것이 이질적으로 보일 수도 있습니다.

하지만, 카이퍼는 "교회라는 거룩한 영역에서 인간 생활의 세속적 영역으로 들어가는 맨 처음"을 정치로 꼽았습니다.[28] 그는 사회적 문제에 늘 관심을 두면서도 정부의 개입과 규제를 통해서가 아니라 사회에 퍼진 기독교인들의 자발적인 조직체를 통한 해결을 장려했습니다.

더 나아가, 그는 정부가 그리스도인이 사회적 조직을 자발적으로 결성하고 자유롭게 활동하는 것을 보장해야만 한다고 봤습니다.[29] 즉, 그리스도인이 공적 영역에 참여하는 데 있어서 종교적 사상과 표현의 자유를 보장받는 것은 영역선교가 사회 전반을 포함한 삶의 모든 영역으로 나아가기 위한 첫 번째 관문입니다.

만약, 공적 영역에서의 종교적 자유가 보장되지 않는 사회라면, 그때부터는 시민사회 영역의 역할이 중요해집니다. 정치 영역은 정부, 국회, 시민단체 등 다양한 하위 영역을

---

[28]　아브라함 카이퍼, 『칼빈주의 강연』, p. 97.

[29]　루이스 프람스마, 『그리스도가 왕이 되게 하라: 아브라함 카이퍼의 생애와 그의 시대』, p. 213.

파생시킬 수 있습니다. 정치 영역의 행위자는 대통령이나 총리, 장관들만을 가리키는 것이 아닙니다. 엄밀히 말해 그들은 정부의 영역에 속한 행위자들입니다. 그들의 역할은 국회나 시민단체의 역할과 다를 수밖에 없습니다.

정치학에서는 정부 행위자와 구별되는 이들을 비정부 행위자(non-state actors)라고도 부르며 시민단체들이 대표적 예입니다. 영역선교에서는 정부의 역할만이 아니라 비정부 행위자 곧 시민사회의 역할도 필요합니다.

영역주권을 널리 추구하지 않는 정부는 단지 게으른 정부일 뿐이지만, 영역주권을 추구하지 못하도록 막는 정부는 악한 정부입니다. 그때부터 시민사회는 정부에 저항할 수 있는 신학적 명분을 가지게 됩니다. 시민사회의 영역은 하나님의 가치를 자유롭게 추구할 수 있는 권리를 확보하기 위한 시민운동을 전개해야 합니다.

그런 의미에서 선교적 차원에서 핵심이 되는 첫 번째 영역은 정부(government)라는 작은 영역이 아니라 정치(politics)라는 큰 영역으로 상정됩니다. 정부의 역할이 기본이지만, 정부가 선교 활동을 막는다면 그에 대해 저항할 수 있는 시민사회의 역할이 필수적입니다.

한편, 공적 영역에서의 종교의 자유를 '어디까지 허용해야 하는가?'에 대해서는 논쟁이 있습니다. 기본적으로 존 롤스(John Rawls)로 대표되는 정치적 자유주의자들은 공적 담론에서 종교적 신념이 배제될 것과 중립적인 언어를 사

용할 것을 요구합니다.[30]

하지만, 폴 빌링햄은 정치적 자유주의 안에서도 두 가지 모델이 있음을 소개합니다. 하나는 제한적 모델이고 다른 하나는 허용적 모델입니다. 먼저, 제한적 모델은 강경한 의미의 정치적 자유주의로서 기독교적 가치가 정치적 개념 형성의 기초가 되어서는 안 된다고 주장합니다.[31] 즉, 기독교 사상을 공적 영역으로 가져오지 말라는 것입니다.

반면, 허용적 모델에 따르면, 정치적 개념을 형성하는 과정에서 기독교는 그 주장을 기독교 교리에 근거하여 제시할 수 있습니다. 그러나 반드시 비기독교 시민들도 이해할 수 있는 공적 언어로 번역해야 합니다.[32] 즉, 언어는 중립적인 표현을 사용하되, 사상은 자유롭게 담겨도 된다고 주장한다는 점에서 상대적으로 온건한 입장입니다.

---

30 존 롤스, 『정치적 자유주의』, 장동진 옮김 (동명사, 2016) 참고.

31 Paul Billingham, "Can my religion influence my conception of justice? Political liberalism and the role of comprehensive doctrines", *Critical review of international social and political philosophy*, vol. 20, no. 4 (2017), pp. 406-407.

32 Paul Billingham, "Can my religion influence my conception of justice? Political liberalism and the role of comprehensive doctrines", *Critical review of international social and political philosophy*, vol. 20, no. 4 (2017), p. 407.

위르겐 하버마스(Jürgen Habermas)[33]나 케빈 발리어(Kevin Vallier)[34] 같은 학자는 후자를 지지하지만, 올리버 오도노반 (Oliver O'Donova)[35]이나 니콜라스 월터스토프(Nicholas Wolterstorff)[36] 등은 후자의 입장까지도 수용하지 않습니다.

영역선교는 정치적 자유주의의 제한적 모델도, 허용적 모델도 모두 수용하기 어렵습니다. 영역선교는 모든 영역 에서 하나님의 주권이라는 종교적 신념과 표현을 모두 사 용할 수 있어야 하기 때문입니다.

후술하겠지만, 카이퍼가 추구했던 기독교 국가의 의무 중 하나는 "복음이 자유롭게 선포되도록 하는 것"[37]입니다. 게다가 하나님의 주권이라는 사상을 있는 그대로 표현한다 고 해서 비기독교인들이 알아듣지 못할 만큼 어려운 용어 도 아닙니다.

더 구체적인 반대 근거를 제시하기 위해서는 월터스토 프의 주장에 빚을 져야 합니다. 그는 세속주의 이념은 중립

---

33   Jürgen Habermas, *Between Naturalism and Religion: Philosophical Essays* (Cambridge, UK; Malden, MA: Polity Press, 2008) 참고.

34   Kevin Vallier, *Liberal Politics and Public Faith: Beyond Separation* (New York: Routledge, 2014) 참고.

35   Oliver O'Donovan, *The Desire of the Nations: Rediscovering the Roots of Political Theology* (Cambridge: Cambridge University Press, 1996) 참고.

36   Audi, Robert & Wolterstorff, *Nicholas, Religion in the Public Square: The Place of Religious Convictions in Political Debate* (Lanham, MD: Rowman & Littlefield Publishers, 1997) 참고.

37   아브라함 카이퍼, 『아브라함 카이퍼의 정치강령』, p. 134.

적 언어 사용에 대한 요구를 받지 않는데 비해 기독교에 대해서만 그같은 요구를 하는 것은 공평하지 않다고 비판합니다. 또한, 그는 기독교적 가치를 세속적 언어로 번역하는 것이 사실상 불가능하며, 설사 가능하더라도 그 과정에서 기독교적 가치가 해체될 것이라고 주장했습니다.[38]

기독교와 자유주의의 양립 가능성은 양측 모두에게 중요한 연구 주제임에도[39] 자유주의가 세속적 편향성을 버리지 못하는 이상, 영역선교가 자유주의 이념과 양립할 가능성은 높지 않습니다.

정치학자 에릭 패터슨(Eric Patterson)의 말을 빌리자면, 자유주의의 세속적 편향이란 "종교가 비합리적이거나 폭력적이거나 이해하기 어렵다는 우려로 인해 공적 영역에서 종교를 의식적으로 배제하거나 제한하려는 경향"을 의미합니다.[40]

---

38 아브라함 카이퍼, 『아브라함 카이퍼의 정치강령』, pp. 78-79.

39 Paul Billingham & Department of Philosophy, Florida State University, "Can Christians Join the Overlapping Consensus? Prospects and Pitfalls for a Christian Justification of Political Liberalism", *Social Theory and Practice*, vol. 47, no. 3 (2021): 519-547; 제임스 스미스, 『왕을 기다리며: 하나님 나라 공공신학의 재형성』 참고.

40 Eric Patterson, "Liberalism's Religion Problem and the Promise of Realism in a Religious World", in *Religion and the Realist Tradition: From Political Theology to International Relations Theory and Back*, edited by Jodok Troy, (Milton Park, Abingdon, Oxon: Routledge, 2014). p. 99.

공적 영역에 참여하려는 기독교에게 중립적 언어로의 번역을 요구하는 것에 대해 월터스토프가 공평하지 않다고 평가한 것 또한 세속적 편향성과 관련이 있습니다. 정부의 관리자 역할이 건강하게 이루어지도록 하는 영역선교는 이 세속적 편향성과의 대결을 포함하는 것입니다.

2) 세속 국가도 신정 국가도 아닌, 기독교 국가

공적 영역에서의 종교적 자유를 추구하는 것은 카이퍼가 제안하는 기독교 국가 개념으로 확장될 수 있습니다. 그는 세 가지 국가 제도를 소개했습니다.

첫째, "자유주의자들의 하나님 없는 국가", 즉 세속 국가(secular state)입니다.
둘째, "로마 카톨릭 및 일관성 없는 프로테스탄트의 신정 국가"입니다.
셋째, "개혁주의 혹은 청교도 국가로서, 정치적이면서 하나님을 존중하는 국가"입니다.[41]

먼저, 세속 국가는 오늘날 우리에게 익숙한 제도입니다. 현대의 세속 국가들은 종교를 주관적이고 내면적인 문제로

---

41   아브라함 카이퍼, 『아브라함 카이퍼의 정치강령』, p. 125.

국한시켜 버립니다. 위에서 소개한 정치적 자유주의자들의 주장과 같이 공적 영역에 종교를 가져오지 못하게 막습니다.

카이퍼는 세속 국가 제도가 하나님을 섬기기는커녕 "하나님을 무시해야만 한다고 처방을 내린다"고 말합니다.[42] 하나님의 존재를 사적 영역에 국한시켜 버리는 자유주의적 세속 국가관을 영역선교에서 수용할 수 없음은 자명합니다.

영역선교를 수행할 때 조금 더 주의를 기울여야 할 것은 두 번째와 세 번째 국가관입니다. 카이퍼는 분명히 기독교 국가를 지지하지만, 그것은 신정 국가를 말하는 것이 아닙니다.

그런 의미에서 본서는 앞으로 기독교 국가와 신정 국가라는 단어를 구분해서 사용하겠습니다. 전자는 "하나님에 대한 자연적 지식"에만 관여하는 국가라면, 후자는 영혼 구원의 문제까지[43] 관여하는 국가입니다.[44] 카이퍼는 신정 국

---

42 아브라함 카이퍼, 『아브라함 카이퍼의 정치강령』, p. 122.

43 아브라함 카이퍼, 『아브라함 카이퍼의 정치강령』, pp. 124-126.

44 자연적인 지식이라는 것은 일반계시를 말하고, 영혼 구원의 문제라는 것은 특별계시와 관련된 것으로 보입니다. 일반계시가 자연만물을 통해서 모든 인류에게 나타내신, 그러나 구원과는 상관이 없는 하나님에 대한 흔적이라면, 특별계시는 인간을 구원하시려는 목적을 가지고 "비상한 수단과 현상, 예언이나 기적"(헤르만 바빙크, 『하나님의 큰 일』, 김영규 옮김 [CLC, 2015], p. 30)을 통해 알리신 하나님에 대한 지식입니다. 바빙크는 일반계시가 "모든 인간을 향하여 있고, 일반은총에 의해서 죄의 폭발을 억제하지만, 특별계시는 복음 아래 생활하는 사람들에게만 미치고, 특별은총에 의해서 죄를 용서해 주시고 중생으로 영화롭게 하는 것"이라고 정의합니다(헤르만 바빙크, 『하나님의

가의 사례로 중세 교회와 프로이센을 들었습니다.[45]

신정 국가는 소위 '크리스텐덤'(Christendom)으로도 불리
는 국가 형태로 제도적 교회가 국가권력과 결탁되어 모든
영역에 대한 초월적 권한을 휘두릅니다. 영역선교가 하나
님 외에는 어느 영역도 초월적 권력을 갖지 못한다는 전제
를 갖는다는 점에서, 이 국가관 역시 수용하기는 힘듭니다.
신정 국가를 반대하는 입장은 종교개혁을 바라보는 카이퍼
의 견해에서도 잘 드러납니다.

> 칼빈주의는 이원론적 사회 상태에서 출현하여 사상과 개
> 념의 세상에 일대 변화를 이루었다. (중략) 교회는 신자의
> 회중이기 위하여 뒤로 물러섰다. 그리고 세상 생활은 모든
> 부분에서 하나님으로부터 해방된 것이 아니라 교회의 지
> 배에서 해방되었다. 그래서 가정생활은 독립성을 얻었고,
> 무역과 상업은 자유롭게 자신의 힘을 실현했고, 예술과 학
> 문은 교회의 모든 속박에서 해방되어 자신의 영감을 회복
> 했고, 사람은 힘과 보화를 숨긴 모든 자연을 복종케 하는
> 일을 '땅을 정복하라'는 낙원의 원래 규례로 자신에게 짐
> 지우신 거룩한 의무로서 이해하기 시작했다. 그래서 저주
> 가 세상 자체에 더 이상 임하지 않고 세상에서 죄악 된 것

큰 일』, 김영규 옮김[CLC, 2015], p. 30).

45 헤르만 바빙크, 『하나님의 큰 일』, 김영규 옮김(CLC, 2015), p. 126.

에 내리며, 세상으로부터 피하는 수도원의 도피 대신에 세
상 안에서 삶의 모든 지위에서 하나님을 섬기는 의무가 강
조된다.[46]

문제는 세 번째 국가관, 즉 하나님을 존중하되 자연적 지
식에만 관여하는 국가로서의 기독교 국가의 모습이 무엇이
냐는 것입니다. 일부 사람은 기독교 가치로 사회 질서를 개
혁하려는 시도조차 신정 국가로 보는 경향이 있는 듯합니다.

하지만, 모든 영역에 흐르는 질서와 가치관이 하나님 주
권 사상으로 변혁되어야 한다는 말과 제도적 교회가 모든
영역에 영향을 행사하는 권력기관이 된다는 말은 다른 의
미입니다. 따라서 두 개의 다른 개념을 콘스탄티누스주의[47]
라는 이름으로 혼합하여 맹목적으로 악마화하는 시도에 본
서는 동의하지 않습니다.

중세 교회가 타락한 것은 국가권력과 결탁한 기독교가
구원자를 자처하는 오만한 방향을 취했기 때문이지, 콘스
탄티누스가 밀라노 칙령을 선포함으로써 자연 발생한 것이
아닙니다. 제임스 스미스는 당시 사건이 "복음에 의한 서양

---

46 아브라함 카이퍼, 『칼빈주의 강연』, p. 41.
47 콘스탄티누스주의는 현대 교회가 정치 권력과 결탁하는 현상을 비판
   적으로 지칭하는 개념입니다. 이는 로마 황제 콘스탄티누스가 313년
   에 밀라노 칙령을 통해 기독교를 공인하면서, 교회가 국가 권력과 긴
   밀히 결합되고 결과적으로 세속화 및 부패의 길로 들어선 역사적 전
   례에 근거합니다.

정치의 개혁이었음을 평가 절하해서는 안 된다"[48]고 옳게
지적합니다.

영역선교에서 추구하는 국가관인 기독교 국가는 카이
퍼가 제시한 네 가지 의무를 지키는 국가로 정리할 수 있
습니다.

첫째, 복음이 자유롭게 선포되도록 하는 국가

둘째, 반(反)복음을 도입하지도, 보호하지도 않는 국가

셋째, 종교적 문제에 있어서 모두에게 동등한 권리를 부
여하는 국가

넷째, 양심의 자유를 침해하지 않는 국가[49]

첫 번째 의무인 복음이 자유롭게 선포되도록 하는 국가
는 앞에서 논의된 공적 영역에서의 종교적 표현을 보장해
야 한다는 것과 연결될 수 있습니다. 그러나 이 대목에서
독특한 점은 카이퍼가 복음 선포에 대한 방해만 거부한 것
이 아니라 호의조차 거부했다는 것입니다.[50]

이 특징은 세 번째 의무인 종교적 문제에 있어서 누구에
게든 동등한 권리를 부여해야 한다는 것과도 관련됩니다.

---

48 제임스 스미스, 『왕을 기다리며: 하나님 나라 공공신학의 재형성』,
    p. 203.
49 아브라함 카이퍼, 『아브라함 카이퍼의 정치강령』, pp. 134-138.
50 아브라함 카이퍼, 『아브라함 카이퍼의 정치강령』, p. 134.

쉽게 말해, 기독교만이 아니라 다른 종교들의 자유도 허락하라는 것입니다.

카이퍼가 기독교에 대한 편애도, 다른 종교들에 대한 차별도 거부한 것을 종교적 다원주의로 오해해서는 안 됩니다. 카이퍼는 사회구조적 차원에서는 다원주의자가 맞지만, 그리스도 예수 외에 다른 구원의 통로가 있다고 믿는 종교적 다원주의자는 아니었습니다.

그럼에도 기독교에 대한 편애와 차별을 모두 거부한 이유로 카이퍼는 세 가지를 듭니다.

첫째, 정부가 가라지를 뽑으려다 밀까지 뽑을 수 있다는 점
둘째, 기독교의 적대자들이 복음에 엎드리는 것이 아니라 단지 폭력에 굴복한 것뿐이라고 자랑할 수 있다는 점
셋째, 기독교가 다른 종교와 지속적인 전투를 수행하고 승리하여 자기의 우월성을 증명해야 한다는 점[51]

그러나 구조적 다원주의를 무분별하게 추구하는 시도는 자칫 기독교 국가의 두 번째 의무를 저버리고 종교적 다원주의로 흐르는 오류로 빠질 수 있습니다. 이 오류는 국가가 반(反)복음을 도입하거나 보호하는 결과를 초래한다는 점

---

51 아브라함 카이퍼, 『아브라함 카이퍼의 정치강령』, p. 136.

에서 위험합니다.

무슬림 이민에 대한 무제한적 포용 정책이 한 가지 예가 될 수 있습니다. 김은득은 독일의 앙겔라 메르켈(Angela Merkel) 총리의 난민 수용 정책이 카이퍼의 구조적 다원주의에 부합한다며 이슬람을 혐오하거나 배제하지 말아야 한다고 주장합니다.[52]

이 주장에는 중요한 전제조건이 빠져 있습니다. 무슬림을 맹목적으로 포용해 주는 것이 아니라 그들의 이슬람 정체성이 사회를 반(反)복음으로 물들이지 못하도록 막는 구조적 장치가 있어야 한다는 것입니다. 메르켈 총리의 난민 포용이 카이퍼식 다원주의에 부합함을 증명하기 위해서는 더 많은 논거가 필요한 것으로 보입니다.

2010년 메르켈 총리의 발언을 함께 인용하는 것은 위 주장에 균형을 더해 줄 수 있습니다. 당시 메르켈은 독일의 다문화 정책이 실패했음을 시인하면서 다음과 같이 주장한 바 있습니다.

> 이주민들이 독일어를 배워야 하며 독일 문화에 뿌리 깊이 박혀 있는 기독교적 가치도 받아들여야 한다.[53]

---

52 김은득, 『한국 교회를 위한 카이퍼의 세상 읽기』 (IVP, 2024), pp. 131-132.

53 황수정. 「[佛·美·獨 곤혹스런 정상들] 이민자 반발 부른 메르켈」. 서울신문, 2010년 10월 19일. https://www.seoul.co.kr/news/inter-

카이퍼는 반혁명 운동이 추구하는 국가체제의 성격상 기독교에 대항하는 세력에 대해서도 자유를 줄 수밖에 없지만, 정부가 그것을 찬성해서는 안 된다고 주장했습니다.[54] 그럼에도 정부가 그 의무를 다하지 못했을 때의 상황에 대하여 그는 이렇게 묘사합니다.

> 우리 정부는 처음부터 역사성에 기반을 둔 기독교의 적들 편에 서 있고, 실질적으로 영향력이 있는 모든 자리를 그들에게 넘겨주었으며, 입법에 점점 더 그들의 생각을 포함시켰고, 마지막으로 공립 학교에 의한 기독교 체계의 붕괴를 추진하기 위해 수많은 지방 정부와 국가의 재정을 마음대로 사용하였다.[55]

오늘날 유럽의 상황은 카이퍼가 묘사한 상황과 유사합니다. 유럽은 이방인을 포용하되, 반(反)복음적 흐름을 막는 데 실패했습니다. 유해석에 따르면, 영국으로 이주한 무슬림들은 영국의 전통적인 법질서와 가치를 따르는 것이 아니라 자신들의 이슬람 율법인 샤리아(Sharia)법을 사법제도에 편입시켜 버렸습니다.

---

national/2010/10/19/20101019019022.
54 아브라함 카이퍼, 『아브라함 카이퍼의 정치강령』, p. 135.
55 아브라함 카이퍼, 『아브라함 카이퍼의 정치강령』, p. 135.

샤리아법이 적용되는 곳은 기독교와 이슬람이 동등하게 자유를 누리는 것 아니라 이슬람을 혐오하지 말라는 미명 하에 기독교적 사상의 자유와 표현의 자유가 억압받는 사회 구조로 변했습니다.[56]

이러한 현상은 기독교 국가의 첫 번째 의무인 "복음이 자유롭게 선포"되도록 하는 것에도 반하는 흐름입니다. 유럽의 다문화 정책은 더 이상 구조적 다원주의 차원으로 여길수 있는 문제가 아닙니다. 종교적 정체성의 대결 곧, 세계관의 충돌로 봐야 합니다.

정리하자면, 영역선교가 추구하는 국가관이란 성경의 가치를 공적 영역에서 배제하려는 세속 국가도 아니고, 교회가 모든 영역에서 제도적 영향력을 행사하려는 신정 국가도 아닙니다. 자연적 지식의 기초 위에서 하나님을 존중하는 기독교 국가입니다.

기독교 국가는 모든 종교가 동등한 권리를 누리도록 구조적 자유를 허락해 주되, 공적 영역에서도 복음을 전파할 자유가 지켜지도록 해야 하고, 반(反)복음을 도입하거나 보호하지 말아야 하며, 양심의 자유를 침해해서는 안 됩니다. 이 네 가지 의무가 어느 하나도 결여되지 않고 균형 있게 추구되는 국가야말로 영역선교에서 목표로 해야 할 기독교

---

56   유해석, 『이슬람, 경계와 사랑 사이』(대한예수교장로회총회, 2022), pp. 182-183.

국가입니다.

3. 영역선교의 3단계

우리는 앞 장에서 칼빈주의 세계관을 그리고 이번 장에서 영역선교의 원리를 살펴봤습니다. 하지만, 양자를 모두 이해하고 있다고 하더라도 그것을 삶의 구체적인 맥락에 적용하는 것은 또 다른 문제입니다. 마이클 고힌(Michael W. Goheen)과 크레이그 바르톨로뮤(Craig G. Bartholomew)는 기독교 세계관을 사상사적으로 정리했을 뿐만 아니라 세계관을 구체적인 삶의 맥락에 적용하는 방식을 개괄했습니다.

다만, 그들이 제시한 방법론은 복음과 문화라는 "두 세계관이 교차하는 세상에서 '교회가 어떻게 살아갈 것인가'를 모색"[57]한 것이라는 점에서 여전히 교회 중심적이라는 한계를 갖습니다. 따라서 이번 장에서는 고힌과 바르톨로뮤의 통찰을 빌리되, 영역선교라는 특수성에 맞춰 재구성한 방법론을 제안하겠습니다.

본서는 영역선교를 다음과 같이 3단계 과정으로 접근할 것을 제안합니다.

---

[57] 마이클 고힌, 크레이그 바르톨로뮤, 『세계관은 이야기다』, p. 34.

- 1단계: 삶의 체계로서 칼빈주의 형성하기
- 2단계: 영역에 관해 조사하기
- 3단계: 영역 안에서 변혁적으로 살아 내기

이 중 1단계는 임의로 구성한 것이지만, 2단계와 3단계는 고힌과 바르톨로뮤의 통찰과 연관됩니다.

그들은 문화를 대하는 교회의 자세를 논하면서 세 가지 방식을 제안했습니다.

첫째, 자기가 속한 문화의 "특정 제도가 존재하는 목적"을 이해하는 것

둘째, 문화가 본래 가지고 있던 창조 질서가 어떻게 타락했는지 알아내는 것

셋째, 자신이 타락한 모습을 어떻게 분별하고 치유할 수 있을지 방법론을 개발하는 것[58]

이 중 첫 번째와 두 번째 방식을 본서는 '영역 조사하기'라는 하나의 단계로 묶었고, 세 번째 방식을 '영역 안에서 변혁적인 삶 살아내기'에 포함시켰습니다. 단계를 편의상 선형적으로 나누었지만, 반드시 순서대로 진행될 필요는

---

[58] 마이클 고힌, 크레이그 바르톨로뮤, 『세계관은 이야기다』, pp. 290-292.

없습니다. 중점은 순서에 있는 것이 아니라 모든 단계가 온전히 수행되는 데 있습니다.

1) 1단계: 삶의 체계로서 칼빈주의 형성하기

영역선교를 수행하기 위해서는 칼빈주의에 대한 동의가 전제되어야 합니다. 물론, 카이퍼는 칼빈주의를 신학이 아닌 삶의 체계로 다루었다는 점에서 유연성이 있습니다. 하지만, 그는 영역주권이 '개혁파 원리'라고 분명히 밝히기도 했습니다.[59] 따라서 모든 영역에서 일정한 전도 활동이 일어난다고 해도, 그것이 제각각의 신학을 따르는 것이라면 영역선교라고 보기는 어렵습니다. 그런 점에서 영역선교는 보편적인 의미로 폭넓게 활용될 수 있는 신학을 따르는 선교가 아닙니다. 개혁주의 신학, 더 구체적으로는 칼빈주의에 기초한 성경적 가치를 따르는 선교입니다.

다음 카이퍼의 말은 이러한 주장을 뒷받침합니다.

> 단지 기독교적이라고 말하는 것은 중요하지 않습니다. 왜냐하면, 그것은 로마교적인 것이 될 수도 있기 때문입니다. 또한, 항편파적일 수도 있기 때문입니다. 그 어떤 현대

---

59 아브라함 카이퍼, 『아브라함 카이퍼의 영역주권: 인간의 모든 삶에 미치는 하나님의 주권』, p. 57.

인도 기독교적 명칭을 포기하지 않습니다. 심지어 하나님
의 실재를 부인한 자들에게조차 영광이 비치고, 그들이 비
기독교화된 학교 정문 위에 기독교적이라는 거짓된 깃발
을 매달았던 것을 보지 못했습니까? (중략) 나는 이 연설에
서 그것을 추구하고, 따라서 성경의 요구와 칼뱅[칼빈]의
전례를 따라 하나님의 주권을 전면에 내세울 것을 촉구합
니다.[60]

영역선교가 삶의 체계로서 칼빈주의라는 전제를 갖는다
는 사실은 영역선교의 신학적 반경을 축소시킵니다. 따라
서 영역선교는 다양한 신학을 가진 선교사가 보편적으로
추구하는 선교 방법론이 되기 힘들다는 한계를 가질 수 있
습니다. 평범한 사람이 모든 영역에서 일상의 선교를 감당
해야 할 필요성에는 공감하지만, 칼빈주의를 지지하지 않
는 분들은 이 책이 말하는 전제를 비판하실지도 모르겠습
니다.

하지만, 위와 같은 한계와 비판은 영역선교의 태생적인
특성상 불가피한 것입니다. 영역선교는 영역주권에 기초한
것이며 영역주권은 칼빈주의 신학에 기초한 것입니다. 이
기초를 부인한 채 '모든 삶의 영역에서의 선교'라는 개념만

---

60   아브라함 카이퍼, 『아브라함 카이퍼의 영역주권: 인간의 모든 삶에
      미치는 하나님의 주권』, pp. 58-59.

을 차용하는 것은 각자의 자유일 수 있습니다.

그러나 그러한 선교가 온전한 의미의 영역주권적 선교가 아니라는 사실을 부인할 수는 없습니다. 차라리 풀뿌리 선교, 평신도 선교, 전문인 선교와 같은 기존의 개념을 사용하는 것이 더 적합할지도 모릅니다.

칼빈주의를 이해했다고 해서 그것이 자동으로 삶의 신앙이 되는 것은 아닙니다. 주지하다시피 우리 신앙은 지적인 동의로 형성되는 것이 아니라 삶으로 체화되는 것입니다. 특히, 세계관은 지적이거나 명제적이라기보다 마음, 영적 지향 그리고 종교의 문제에 근본적으로 부합한다는 점에서 더욱 그러합니다.[61]

바르톨로뮤는 이렇게 말합니다.

> 하나님 나라는 먼저 그 왕과 바르고 살아 있는 관계로 들어가는 것이며, 문화적 관여는 오직 이 경험으로부터 나오고 또한 항상 이 경험 위에 세워진다.[62]

그렇다면 신앙이 삶으로 체화되려면 어떻게 해야 할까요?

---

61 마이클 고힌, 크레이그 바르톨로뮤, 『세계관은 이야기다』, p. 189.
62 크레이그 바르톨로뮤, 『아브라함 카이퍼 전통과 삶의 체계로서의 기독교 신앙』, p. 66.

기독교인의 삶에서 예배가 중요한 이유가 여기에 있습니다. 예배 그 자체로 우리 삶의 가치관을 형성하는 기능을 하기 때문입니다. 즉, 세계관 형성 기능을 하는 것입니다.

교회는 선교 대상자를 단지 교회로 부르는 전도만이 아니라 그들이 가지고 있던 세계관을 그리스도인의 세계관으로 바꾸어 주는 역할까지 해야 합니다. 이때 세계관이란 교회 안에서의 삶에 관한 지침이 아니라 전포괄적 삶의 체계에 영향을 미치는 방식을 의미합니다.

교회의 세계관 형성 기능에 대한 필요성과 그 책임 의식은 이미 신학자들을 통해 주장되고 수용되고 있습니다.[63] 특히, 예배학자 주종훈은 다음과 같은 이유로 예배의 반복적 기능에 주목합니다.

> 예배는 의도적으로 일정한 방식에 의해서 사람들을 반복적으로 참여하게 함으로써 세계관을 형성시키는 중요한 역할을 한다.[64]

의식적인(ritual) 예배를 통해 우리는 인간의 이야기에 하나님을 초청하는 방식이 아니라 "하나님의 이야기와 인간

---

63 주종훈, 『기독교 예배와 세계관: 삶의 변화를 위한 예배의 이해와 실천』 (워십리더, 2014); 권효상, 『개혁교회 선교방법론』 pp. 85-86 등 참고.

64 주종훈, 『기독교 예배와 세계관: 삶의 변화를 위한 예배의 이해와 실천』, p. 34.

의 이야기가 만나 새롭게 재구성"[65]되는 방식을 취해야 합니다.

더불어 반복적인 예배 가운데 그리스도를 끊임없이 기억하는 방식을 통해서 일상의 자리에서도 그리스도를 기억해 내야 합니다.[66] 마지막으로 삶의 맥락이 각기 다른 개인이 한데 모여 서로의 차이를 존중하고 하나님 안에서 관계를 형성하는 예배의 공동체성은 그 자체로 개인주의적이고 근대주의적인 세계관에 도전하는 것입니다.[67]

이 단계에서 우리가 바르게 알아야 할 것은 예배의 본질입니다. 우리는 예배를 구원을 위한 공로나 설교 메시지를 들음으로써 지적 충족을 누리는 통로, 혹은 종교 문화를 소비하는 프로그램 정도로 여겨서는 안 됩니다.

먼저, 우리는 구원받기 위해 예배를 드리는 것이 아닙니다. 구원받은 자로서 예배드립니다. 즉, 예배는 우리가 구원받기 위한 공로를 쌓는 과정이 아닙니다. 만약 우리가 구원받기 위해 예배를 드리고 있다면, 그것은 예수 그리스도가 성육신하셔서 죽으시고 부활하심으로 모든 구원의 문을 여신 사역을 부정하는 것이 됩니다. 구원은 예수 그리스도 외

---

65 주종훈, 『기독교 예배와 세계관: 삶의 변화를 위한 예배의 이해와 실천』, p. 35.

66 주종훈, 『기독교 예배와 세계관: 삶의 변화를 위한 예배의 이해와 실천』, p. 36.

67 주종훈, 『기독교 예배와 세계관: 삶의 변화를 위한 예배의 이해와 실천』, p. 37.

의 다른 통로를 통해 오지 않습니다.

대신 예배는 구원받은 자의 삶의 반응이자 하나님 나라의 일에 대한 참여 행위입니다. 동시에 하나님을 즐거워하고 기뻐하며 영화롭게 하는 일의 본질이기도 합니다. 예배의 본질을 제대로 알지 못하면 예배를 건강하게 누릴 수 없고, 건강하지 않은 예배는 건강한 세계관을 형성할 수 없습니다.

세계관 형성 과정에는 우리 자신이 어느 영역에 소명을 가진 사람인지 판단하는 과정이 수반되어야 합니다. 영역선교가 아무리 필요한 일이라고 하더라도, 자신이 어느 영역을 위해 부름받은 사람인지 분별하는 것은 별개의 문제입니다. 이 분별은 책상에 앉아서 단기간의 고민과 결단으로 이루어지는 것이 아닙니다. 공동체의 조언, 하나님과의 관계에서 오는 마음의 감동이나 비전, 자신의 장단점 등을 객관화하여 분석하는 오랜 작업이 되어야 합니다.

우리가 어느 영역에서 선교 사명을 감당해야 할지는 하나님과의 관계 그리고 사람과의 관계 속에서 발견하는 것입니다. 그런 점에서 교회는 세계관 형성 기능뿐만 아니라 영역선교의 소명을 발견하기를 돕는 데 있어서도 중요한 역할을 감당할 수 있습니다.

2) 2단계: 영역에 관해 조사하기

영역을 조사한다는 것은 하나님께서 허락하신 문화가 어떤 지점에서 어그러지고 타락했는지를 파악하는 것입니다. 이때 필요한 자세는 "문화에 대해 비판적 참여자"[68]가 되어 우리가 속한 문화를 맹목적으로 거부하거나 수용하지 않는 것입니다. 즉, 우리는 세상으로 나아가되 이 세대를 본받지 않으면서(롬 12:2) 나아가야 합니다. 우리는 이 땅의 모든 문화의 주인도 그리스도이심을 선포하며 하나님의 창조 세계를 누릴 권리가 있습니다.

예를 들어, 그리스도인이라고 해서 찬송가만 듣고 불러야 하는 것은 아닙니다. 음악을 즐기는 것은 하나님이 인간에게 허락하신 자연스러운 본성입니다. 찬송가만 하나님 것이 아니라 음악을 이루는 모든 구조와 체계, 그것을 즐길 수 있는 인간의 감각과 지식마저도 하나님의 것입니다.

문제는 음악 자체가 아니라 음악을 우상 숭배적으로 즐기는 죄성입니다. 따라서 우리는 문화에 참여하면서도 타락된 문화가 우리의 영혼을 오염시킬 위험에 대해 늘 경계해야만 합니다.

자신이 속한 영역을 밀도 높게 조사할 수 있으려면 전문가가 되어야 합니다. 세속 직업에서 말하는 전문가란 일반

---

[68] 마이클 고힌, 크레이그 바르톨로뮤, 『세계관은 이야기다』, p. 279.

적으로 의사, 변호사와 같이 전문 자격을 갖춘 사람을 가리
킵니다.

하지만, 영역선교에서의 전문가란 직업적인 의미의 전문
가가 아닌 자기가 속한 영역에 흐르는 가치관을 분석하고
하나님 나라의 가치로 변혁시킬 방법론을 고민할 의지와
능력이 있는 사람입니다. 이들에게는 자신이 속한 영역이
가지고 있는 "구조와 방향을 구분하고 창조 설계와 영적 세
력을 구분"[69]할 수 있는 능력이 요구됩니다.

다시 말해, 영역선교에서 말하는 전문가는 자기가 속해
있는 영역이 어떤 전제를 가지고 일하고 있는가, 어떤 방식
으로 살아가고 있는가를 파악하고, 그것이 칼빈주의와 영
역주권의 원리에 맞는지 분별할 수 있어야 합니다. 단순히
일치하지 않는 것인지 아니면 불일치로 인하여 성경의 가
치를 저해하고 있는지 판단할 수 있어야 합니다. 나아가 반
(反)성경적인 지점을 성경적인 방향으로 고칠 수 있는 방법
을 모색할 지식이나 경험도 필요합니다.

한 가지 예로 가족 구성원은 가정 영역의 전문가가 될 수
있습니다. A라는 사람이 있다고 가정해 보겠습니다. 그는
자기 가정을 사랑하고 가족에게 관심이 많아 가족의 생각
과 처지를 누구보다 잘 이해하는 사람입니다.

---

69   마이클 고힌, 크레이그 바르톨로뮤, 『세계관은 이야기다』, p. 285.

그러던 어느 날 A는 교회에서 예배를 드리면서 신앙생활이 단순한 종교 활동이 아니라 일상을 포함한 전 생애를 포괄하는 것임을 깨달았습니다. 그는 자기 가정에서 일반적으로 공유되는 대화 주제가 무엇인지, 추구하는 삶의 가치가 무엇인지, 부모로서 자녀에게 어떤 교육을 하고 있는지 등등을 점검하기 시작했습니다.

A가 보기에 자기 가정에는 하나님이 허락하신 창조 질서라는 형식적인 구조는 있지만, 삶을 살아내는 방식에서는 하나님 주권이 왜곡되어 있었습니다. 주일에는 온 가족이 교회에 가서 예배를 드리지만, 그 외의 일상에서는 각자의 욕구가 주인의 자리를 차지하고 있었습니다.

부부의 삶의 목표는 주로 부동산에 초점이 맞춰져 있었고, 앞으로 어느 브랜드의 몇 평짜리 집을 장만하면 좋을지에 대한 대화가 주를 이루었습니다. 자녀들은 남들보다 뒤처지지 않게 교육을 시켜야 했고, 그 일을 잘할 수 있도록 능력을 구하는 기도만 했을 뿐입니다.

A는 가장 시급한 것이 대화의 주제를 바꾸는 것이라고 판단했습니다. 몇 평짜리 아파트를 사는 것이 중요한 것이 아니라 왜 열심히 일을 하며 살아야 하는지 삶의 목적에 대한 고민이 필요했습니다. 자녀를 교육할 때도 사회가 요구하는 성공의 타임라인을 좇는 것이 아니라 하나님의 타임라인 안에서 자유롭게 사는 법을 가르쳐야 했습니다.

이 과정에서 A는 가정의 구조와 방향을 조사하고 문제점과 해결 방안을 모색함으로써 가정이라는 영역의 전문가 역할을 해낸 것이라고 할 수 있습니다.

3) 3단계: 영역 안에서 변혁적으로 살아내기

영역을 선교하는 일은 단순히 기독교 세계관을 소유한 채 자신의 일상을 살아가는 것만으로 이루어지지 않습니다. 우리는 '변혁적 삶'을 살아야 합니다. 변혁적 삶이란 문화와 복음 사이에 드러나는 긴장을 "외면하거나 순응하거나 이원론을 내세움으로써"[70] 피하지 않는 것입니다. 자신이 속한 영역을 조사하여 타락하고 왜곡된 구조와 방향을 포착해냈다면 이제는 그것을 치유하고 변혁해 낼 방법론을 개발하는 일에 뛰어들어야 합니다.

교회가 갖는 세계관 형성 기능은 '흩어지는 교회'를 목표로 합니다. 그러나 실제로 교회의 주된 역할은 '모이는 교회'라는 형식에 집중될 수밖에 없습니다. '흩어지는 교회'의 사명은 '모이는 교회'를 통해 훈련받은 그리스도인에게 분산되어야 합니다.

변혁에 관한 구체적인 방법론은 영역에 따라 천차만별일 것입니다. 지배적으로 작동하는 세계관이 무엇인지 파악

---

70 마이클 고힌, 크레이그 바르톨로뮤, 『세계관은 이야기다』, p. 283.

하고, 그것을 칼빈주의 세계관으로 변혁시킨다는 기본적인 지침 외에 모든 영역에 세부적으로 적용될 수 있는 절대적인 방법론은 없습니다.

따라서 세계관 변혁 작업은 각 영역의 전문가가 논의하고 발전시켜야 할 과제입니다. 이것이 영역선교에서 교회가 모든 영역을 통치하려고 해서는 안 되며 할 수도 없는 이유입니다. 지역교회의 목사님들은 성경 연구와 설교의 전문가입니다. 하지만, 교회 밖 영역에 대해서는 비전문가입니다.

해당 영역의 일은 해당 영역의 전문가인 그리스도인이 해내야 합니다. 가령, 정치 문제는 그리스도인 정치학자들이 기독교 세계관적 전제를 가지고 풀어가야 합니다. 신학자들이 다룰 수 있는 정치 문제는 한계가 있습니다.[71] 정치철학, 비교정치, 국제관계, 국제정치경제, 국제안보, 지역연구 등 정치를 연구하는 학자 사이에서도 각자의 전문 영역이 세분화되는 시대입니다. 하물며 신학자가 정치와 관련된 모든 연구 분야를 다루는 것이 불가능하다는 사실은 자

---

[71] 니콜라스 월터스토프(Nicholas Wolterstorff), 데이비드 반드루넨(David VanDrunen), 빈센트 바코트(Vincent E. Bacote), 제임스 스미스(James K. A. Smith) 등 개혁주의 신학을 중심으로 정치적 주제를 다루는 신학자 혹은 철학자는 다수 존재합니다. 하지만, 이들이 다루는 이슈는 기독교인의 정치참여, 정치적 자유주의, 낙태, 인종 등 기독교윤리나 정치철학에 관련한 특정 주제에 집중하는 경향이 강합니다. 정치 연구의 보다 폭넓은 분야를 다루려면 다수의, 다양한 정치학자의 참여가 필수적입니다.

명합니다.

어떤 교회에서 아래와 같은 교육을 했다고 가정해 보겠습니다.

> 여러분, 삶의 모든 영역은 다 하나님의 주권 아래 있습니다. 따라서 우리는 하나님의 나라를 교회 안에서만 추구해서는 안 됩니다. 우리의 교육은 성경적 가치로 학생들을 가르치는 것이어야 합니다. 또 우리는 세속 음악과는 구별된, 하나님 나라의 가치를 담은 음악을 만들 수 있어야 합니다. 무엇보다 우리 공동체의 정치는 성경에서 말하는 가치를 추구해야만 합니다.

이 글은 제가 임의로 작성한 글입니다만, 기독교 세계관을 중시하는 교회 혹은 학교에서 흔히 접할 수 있는 문구와 크게 다르지 않을 것입니다. 위와 같은 적용은 일견 은혜롭고 일종의 구호로 쓰기에 괜찮지만, 우리 삶에 구체적으로 적용하기에는 다소 추상적입니다.

그러다 보니 다음과 같은 질문이 뒤따르게 됩니다.

"성경적 가치로 교육한다는 것은 어떻게 하는 건가요?"
"찬송가 가사에 '예수님', '이웃 사랑', '천국'과 같은 단어가 들어가면 하나님 나라의 가치를 담은 음악이 되는 건가요?"

"모든 정치인이 자신이 정의로운 나라를 만들겠다고 주
장하는데, 그렇다면 그 가운데 어떤 정치인의 정책이 성
경적 가치에 진정으로 부합할까요?"

위와 같은 의문에 답변해야 할 책임을 우리는 너무나 쉽
게 교회나 신학자에게 돌리고는 합니다. 그러나 각 영역의
세부적인 질문에 대한 답은 각 영역의 그리스도인 전문가
로부터 도출되어야 합니다.

한편, 변혁적 삶을 살아내는 데 있어서 우리가 간과해서
는 안 되는 중요한 요소가 있습니다. 변혁은 단번에 이루어
지는 것이 아니라 점진적인 것이라는 사실입니다. 우리는
승리주의에 도취될 위험을 경계해야 합니다. 평생에 걸친
사역에도 완전한 변혁은 일어나지 않을 수 있음을 인지하
는 것이 중요합니다.

마이클 호튼(Michael Horton)은 변화를 추구하는 들뜬 열
정이 "교회의 가르침에 따르는 평범한 신앙생활을 견딜 수
없을 만큼 답답하고 끔찍할 만큼 따분해하도록 만든다"[72]
며 비판했습니다. 그는 변화를 추구하는 일상의 신학을 거
부하거나 "열등한 것에 만족하라"고 주장하는 것이 아닙니
다. 변화를 일으키는 진정한 힘이 "평범한 일을 꾸준히 실

---

[72] 마이클 호튼, 『오디너리(평범함으로의 부르심)』, 조계광 옮김(지평서원,
2015), p. 38.

천해 나가는 태도"[73]에서 비롯됨을 주장하는 것입니다.[74]

우리의 목표는 완전한 변혁을 성취하는 것에 있는 것이 아니라 하나님의 통치를 선포하고 그 나라에 참여하는 것에 있음을 잊지 말아야 합니다.

영역을 조사하고 변혁시키는 전문가들은 반복적이고 평범한 일상을 하나님과 이웃을 위해 살아내는 사람들이어야 합니다. 평범함이라는 단어와 전문가라는 단어가 조화될 수 있는 것은 하나님 나라를 사는 백성들의 특권입니다.

오스 기니스(Os Guinness)는 우리가 문화에 대한 진정한 소명을 회복할 때 우리의 "일상적인 일에 존엄성과 영적인 중요성이 부여"[75]된다고 말했습니다. 그러므로 그리스도인들은 획기적인 성취를 통해서가 아니라 지난하고 평범한 일상 가운데 찾아오시는 그리스도를 통해서 하나님의 나라를 누릴 수 있어야 합니다. 그리고 이러한 삶을 드러내는 것이 세속의 이치와는 구별된 변혁의 시작입니다.

---

73 마이클 호튼, 『오디너리(평범함으로의 부르심)』, p. 44.

74 마이클 호튼은 '평범함'을 우상 숭배와 대조합니다. 그에게 "평범하다는 것은 이기적인 동기로 탁월함을 추구하는 우상 숭배를 거부한다는 것"(마이클 호튼, 『오디너리(평범함으로의 부르심)』, 조계광 옮김[지평서원, 2015], p. 60)이지, 삶을 향한 열정과 목표를 경시하는 것이 아닙니다. 다만, 삶에 대한 열정의 방향이 자아가 아니라 "하나님의 영광과 이웃의 유익"에 맞춰져야 한다는 것입니다(Ibid, p. 143).

75 오스 기니스, 『소명: 인생의 목적을 발견하고 성취하는 길』, p. 106.

제4장

영역선교의 사례-국제정치학

영역선교의 3단계에 비추어 볼 때, 본서의 제1장부터 제3장까지는 제가 삶의 체계로서 칼빈주의를 형성하며 쌓은 지식을 풀어낸 것입니다. 반면, 제4장은 2단계와 3단계 과정을 포함하고 있습니다.

먼저, '국제정치와 종교의 부활'은 국제정치학 안에서 신학 혹은 종교를 연구한 사례의 동향을 살펴보는 파트입니다. 이를 통해 국제정치학을 칼빈주의적으로 수행하는 방향을 고찰할 것이며, 이는 2단계인 '영역을 조사하기'에 속합니다.

다음으로 '국제정치 연구 사례'는 영역선교의 3단계인 '영역 안에서 변혁적으로 살아내기'의 일환입니다. 영역선교를 시도하고 도전했던 과정을 소개하는 것에 목적을 두고 개인적인 연구를 요약·정리했습니다. 구체적으로는 국제정치 이론을 보강하고 한일관계의 특수한 사례를 논하는데 영역주권의 원리가 어떻게 사용되었는지 소개할 것입니다.

본격적인 논의에 앞서 필자의 연구는 정치신학이 아님을 명확히 하고자 합니다. 신학에서 정치 문제를 다루는 일은 정치신학 혹은 공공신학이라는 이름으로 행해지고 있습니다. 정치신학 내부에는 정치신학만의 논쟁이 존재합니다. 그들의 논쟁에 깊이 뛰어드는 것은 제 연구 범위를 벗어나는 일입니다.

학문의 영역을 여러 분과로 구분한다면 정치신학은 신학의 영역입니다. 물론, 그 연구가 정치학자와 상호 작용을 통해 정치학에도 영향을 미칠 수도 있겠으나 정치학자에 의한 정치학 영역의 활동이 아님은 분명합니다.

쉽게 말해 정치신학은 신학에 정치 연구를 들여오는 것입니다. 반대로 이 장에서 설명해 드리는 필자의 개인적인 연구는 정치학에 신학 연구를 들여오는 것입니다. 그럼에도 연구가 정치신학에 빚을 지고 있음은 분명합니다. 특히, 현대 학문이 가진 세속성과 근대성이 학문의 영역에서의 무소불위한 권력이 되도록 두어서는 안 된다는 인식은 신학자들의 통찰 없이는 구체화하지 못했을 것입니다.

칼빈주의 관점에서 수행하는 정치 연구는 세속적인 정치 이론이나 연구 방법론에도 선한 것이 있다고 믿고 왜곡된 부분만을 변혁하는 과정입니다. 이는 급진 정통주의처럼

신학을 사회과학으로 재상상한다거나[1] 후기 자유주의처럼
세속과 거리를 두고 새로운 대안을 구상하는 것[2]과는 분명

---

1   존 밀뱅크(John Milbank)는 '신학과 사회이론'에서 세속이성이 과학
    적이고 객관성을 갖는다는 논리를 철저히 부숩니다. 그에 따르면 세
    속이성을 따르는 사회이론도 "그 자체로 신학 내지 위장된 반신학
    (anti-theologies)"일 뿐입니다(존 밀뱅크, 『신학과 사회이론: 세속이성을 넘어
    서』, p. 55) 그리고 "스스로 '과학'임을 표방한 최초의 사회이론을 정치
    학"으로 봅니다(Ibid, p. 62). 따라서 그는 신학이 기존의 세속이론을 대
    신하여 "그리스도교 사회학으로서 재사유"되어야 한다고 주장합니다
    (Ibid, p. 717). 급진정통주의는 "복음이 배교적 가치들에 도전하게 하는
    방식"을 취함으로써 "기독교 경제학 같은 것들을 생산해야 한다"(제
    임스 스미스, 『급진 정통주의 신학』, 한상화 옮김 (CLC, 2011), p. 93)고 본다
    는 점에서 카이퍼의 변혁적 세계관과 유사해보입니다. 하지만, 세속
    학문의 영역을 "어떠한 전문가에게도 미루지 않고 어떠한 대화에도
    가담하지" 않은 채 (Ibid, p. 94), 신학적 담론으로만 문제를 해결하려고
    본다는 점에서 차이가 있습니다.
2   스탠리 하우어워스(Stanley Hauerwas)와 윌리엄 윌리몬(William H. Wil-
    limon)은 리처드 니버(H. Richard Niebuhr)식의 변혁적 세계관에 반대하
    고, 대신 존 하워드 요더(John Howard Yoder)식의 "고백교회" 유형을 대
    안으로 주장합니다. 이때 고백교회는 일종의 "대안적인 폴리스"입니
    다(스탠리 하우어워스, 윌리엄 윌리몬, 『하나님의 나그네 된 백성: 이 땅에서 그
    분의 교회로 살아가는 길』, 김기철 옮김 [복있는사람, 2018], pp. 63-71). 그들이
    말하는 고백교회가 가진 미덕은 변혁적 삶을 사는데 있는 것이 아니
    라 고난을 기꺼이 감수하는데 있습니다. 심지어 "사랑하는 이들의 희
    생까지도 감수하도록 요구"합니다(Ibid, p. 210). '희생'에 지나치게 초
    점을 맞춘 탓인지 그들의 "교회만이 제시할 수 있는 정치적 대안"(Ibid,
    p. 66)은 현실정치에 적용하기에 편협합니다. 가령, 그들은 종교적 테
    러 문제를 1,000명의 선교사 파송으로 해결해야 한다고 주장합니다.
    하지만, 그러한 해결책을 적용하기 힘든 이유를 오로지 "제자도에 따
    르는 희생정신"이 없는 교회의 문제로 봅니다(Ibid, pp. 74-75). 라인홀
    드 니버(Reinhold Niebuhr)의 표현을 빌리자면 이러한 주장은 현실정치
    에서 일어나는 끝없이 다양하고 "집단적인 이해관계의 요인들을 간
    과"(라인홀드 니버, 『인간의 본성과 공동체들』, 오희천 옮김 [종문화사, 2016], p.

히 다른 방식입니다.

학문에서의 선교는 크게 두 가지 방식으로 수행될 수 있습니다.

첫째, 기존 이론을 계승하면서도 이론의 적용을 기독교적으로 수행하는 것입니다.

둘째, 기독교적 세계관을 담은 새로운 이론을 만들어내는 것입니다.

안타깝게도 두 방식 모두 아직 갈 길이 멉니다. 학문의 영역이 맡은 막중한 책임에 비해 열매를 맺은 수는 저조합니다.

1. 국제정치와 종교의 부활

현재 국제정치학 안에서 영역주권이나 칼빈주의 세계관을 적용한 연구를 찾는 것은 어렵습니다. 다만, 아브라함 카이퍼의 외교정책에 관한 연구나 개혁주의 철학을 활용한 초기적인 시도가 존재할 뿐입니다.

---

63)한 것입니다. 무엇보다 이들은 안보를 담당하는 국가의 역할과 교회의 역할을 혼동하고 있거나 역할의 분화를 인정하지 않는 것으로 보입니다. 어느 쪽이든 영역선교의 방향과 맞지 않음은 분명합니다.

먼저, 로버트 주스트라(Robert J. Joustra)는 국제정치학자로
서 카이퍼의 외교정책을 연구했습니다. 그는 카이퍼의 "칼
빈주의적 국내정치 이론에 대한 연구는 많지만, 외교 정책
에 대한 논의는 거의 전무하다"[3]고 정확히 지적합니다. 하
지만, 그의 연구는 카이퍼의 외교정책에 초점을 맞추었을
뿐 카이퍼의 사상으로 국제정치 이론을 논한 것은 아니라
는 점에서 여전히 한계가 있습니다.

또한, 국제정치학자 루카스 프레이레(Lucas G. Freire)는 배
리 부잔(Barry Buzan)을 중심으로 한 코펜하겐 학파의 '안보
화 이론'(securitization theory)을 개혁주의 철학으로 재구성을
시도했습니다.[4] 그러나 프레이레 스스로 인정하듯이 그의
연구는 탐색적 시도에 머물러 있다는 점에서 더 많은 연구
가 요구됩니다.

범위를 확장하여 국제정치에서 종교의 위치에 대한 논의
로 눈을 돌리면 생각보다 많은 연구가 존재하고 있음을 알
수 있습니다. 사실, 초기의 국제정치학은 종교 연구를 경시
하지 않았습니다. 국제정치학에서 현실주의의 아버지로 불
리는 한스 모겐소(Hans Morgenthau)는 "종교와 그 힘에 대해

---

3   Robert J. Joustra, "Abraham Kuyper among the Nations", *Politics and
    Religion*, vol. 11, no. 1 (2018), p. 147.
4   Lucas G. Freire, "Security Studies: Towards a Reformational Approach",
    Philosophia Reformata, vol. 81, no. 1 (2016), pp. 1–13 참고.

민감한 인식"을 지니고 있었습니다.[5] 그는 정치학을 포함한 사회과학의 과학을 비판 없이 바라보는 과학주의적 신념을 거부했습니다.

모겐소의 인간론에 영향을 준 것은 성 어거스틴(Sanctus Aurelius Augustinus)과 기독교 현실주의자인 라인홀드 니버(Reinhold Niebuhr)입니다.[6] 한 마디로 초기 국제정치학은 인간 본성이나 종교와 같은 추상적이고 관념적인 대상도 연구 주제로 삼았습니다.

하지만, 모겐소와 니버를 중심으로 한 초기 현실주의를 고전으로 만들고 신현실주의의 문을 연 케네스 월츠(Kenneth Waltz) 이후, 정치학의 "신학적 순간"[7]은 결말을 맞이했습니다. 실증하기 어려운 인간 본성이나 종교적 정체성 같은 것보다는 이성과 합리성의 틀 안에 둘 수 있는 대상만을 탐구하려는 인식이 강해졌습니다. 즉, 신현실주의 이후의 흐름은 "신학적 전제를 세속적 구조로 전환함으로써 그 핵

---

5   Jodok Troy, *Christian Approaches to International Affairs* (London: Palgrave Macmillan, 2012), p. 4.

6   Jodok Troy, " Getting theory_Realism and the study of religion in international relations", in *Religion and the Realist Tradition: From Political Theology to International Relations Theory and Back*, edited by Jodok Troy, (Milton Park, Abingdon, Oxon: Routledge, 2014), p. 9.

7   Nicolas Guilhot, "American Katechon: When Political Theology Became International Relations Theory," *Constellations* vol. 17, no. 2 (2010), p. 248.

심 가설을 세속화하는 것"[8]이었습니다.

국제정치 이론과 신학의 재결합을 시도하고 있는 국제정치학자 조독 트로이(Jodok Troy)는 다음과 같이 분석합니다.

> 후기 현실주의자들은 국제관계의 구조적이고 체계적인 측면에 초점을 맞추기를 선호했다. 케네스 월츠는 국제관계의 세 가지 '이미지'(인간, 국가, 전쟁[국제 시스템])를 구별하며 유명한 이론을 제시했는데, 그는 후속 연구자들과 함께 국제관계를 세 번째 '이미지'인 국제 시스템으로 축소했다. 더욱이, 월츠나 존 미어샤이머와 같은 현대 현실주의의 가장 특징적인 요소는 월츠가 말하는 '첫 번째 이미지'(국제관계에서의 인간)를 배제하는 것이다.[9]

이처럼 계몽주의적·실증주의적인 흐름은 비단 현실주의만이 아니라 자유주의 등 다른 이론에서도 공통적으로 나타났으며, 정치학만의 문제도 아니었습니다. 대표적으로 프랜시스 후쿠야마(Francis Fukuyama)의 『역사의 종말』은 "세속 민주주의의 원천에 대한 자유주의적 강조로 인해 종교적 측면을 외면"[10]했습니다.

---

8   Nicolas Guilhot, "American Katechon: When Political Theology Became International Relations Theory," p. 248.

9   Jodok Troy, *Christian Approaches to International Affairs*, p. 8.

10   Jodok Troy, "Getting theory_Realism and the study of religion in inter-

모니카 더피 토프트(Monica Duffy Toft), 다니엘 필폿(Daniel Philpott) 그리고 티모시 사무엘 샤(Timothy Samuel Shah)는 다음과 같이 지적합니다.

> 19-20세기에 프리드리히 니체(Friedrich Nietzsche), 찰스 다윈(Charles Darwin), 칼 막스(Karl Marx), 지그문트 프로이드(Sigmund Freud), 막스 베버(Max Weber) 등에 의해 세속 이론(the secularization theory)이 강세를 이루었지만, 이는 세계 역사의 현실을 제대로 예측하지 못했다.[11]

잭 스나이더(Jack Snyder)와 제프리 헤인즈(Jeffrey Haynes)에 따르면, 국제정치에서 종교 연구의 필요성이 급부상한 것은 2001년 9.11 테러 이후입니다.[12] 그동안 국가만을 국제정치의 주요 행위자로 인식하던 국제정치에서 급진적인 종교단체가 하나의 행위자로서 부상했기 때문입니다. 그러나 스콧 토마스(Scott M. Thomas)는 "문화와 종교의 영향이 국제관계 연구에서 무시되거나 경시된 가장 생생한 사례"[13]로

---

national relations", p. 3.

11   Monica Duffy Toft, Daniel Philpott, and Timothy Samuel Shah, *God's Century: Resurgent Religion and Global Politics* (W. W. Norton & Company, 2011), p. 2-3.

12   Jack Snyder, *Religion and International Relations Theory* (Columbia University Press, 2011), p. 1; Jeffrey Haynes, *An Introduction to International Relations and Religion* (Routledge, 2013), p. 4.

13   Scott M. Thomas, *The Global Resurgence of Religion and the Transforma-*

이슬람 혁명을 우선하여 제시합니다.

토마스는 국제정치에서 종교 연구의 필요성을 주창하고 있는 대표적인 학자 중 하나입니다. 그는 세속 시대에서 "종교의 부활"[14]을 이야기하며, 국제정치가 종교를 단순히 행위자가 아닌 세속화에 도전하는 대상으로서 연구해야 할 필요성을 역설했습니다.

토마스는 서구의 정치학자가 이슬람 혁명을 예견하지 못한 이유가 경제가 발전하고 근대화가 이루어지면 종교도 더 이상 중요하지 않게 될 것이라는 세속주의적이고 자유주의적인 방식 때문이라고 지적합니다.[15] 또한, 그는 서구인들이 이처럼 자유주의적 근대성으로 스스로를 안심시키는 상황에 대해서 이렇게 질문합니다.

"그들(이슬람 국가)이 물질적 번영의 이점을 얻고자 하면서도 자신의 문화적 또는 종교적 전통과 일치하는 방식으로 이루고자 한다면 어떻게 될까요?"[16]

"만약 세계 주요 종교에 뿌리를 둔 사회의 문화적, 종교적 전통을 유지하면서도 근대성을 이루는 다양한 경로가

tion of International Relations, (London: Palgrave Macmillan, 2005), p. 2

14 Scott M. Thomas, *The Global Resurgence of Religion and the Transformation of International Relations,* 참고.

15 Scott M. Thomas, *The Global Resurgence of Religion and the Transformation of International Relations*, pp. 7-8.

16 Scott M. Thomas, *The Global Resurgence of Religion and the Transformation of International Relations*, p. 8.

존재한다면 어떻게 될까요?"[17]

이러한 질문에 답하기 위해 토마스는 정치학에서 주변화되어 있는 종교에 관한 연구를 중심부로 가져옵니다. 그는 종교를 정치 역학을 해석하는 변수 중 하나로 다루라고 말하는 것이 아닙니다. "문화와 종교의 영향을 해석할 수 있는 더 나은 개념, 이론, 가정이 필요하다"[18]고 강조합니다.

종교의 부흥에 발맞추어 최근 많은 학자가 관련 연구를 시도하고 있습니다. 앞서 소개한 조독 트로이는 종교와 고전적 현실주의 전통 그리고 영국학파와의 관계를 탐구하며 종교(특히, 신학)가 국제정치 이론에 미치는 영향을 분석하고 국제정치 이론이 종교 문제를 다루는 새로운 접근 방식을 제안했습니다.[19] 바실리오스 파이파이스(Vassilios Paipais)를 중심으로 한 일군의 학자들은 국제정치학에 정치신학을 도입하려는 작업을 시도했습니다.

특히, 파이파이스는 신학이 "서구 계몽주의의 지배적 서사에 도전하고, 계몽주의적 자만의 어리석음을 드러내며, 기존의 사회정치적 구조를 재고할 수 있는 새로운 개념을 제공"[20]한다고 봅니다. 즉, 그에게 신학과 정치는 "본질적

17 Scott M. Thomas, *The Global Resurgence of Religion and the Transformation of International Relations*, p. 11.

18 Scott M. Thomas, *The Global Resurgence of Religion and the Transformation of International Relations*, p. 11.

19 Jodok Troy, *Christian Approaches to International Affairs*. 참고.

20 Vassilios Paipais, "Introduction: Religion or Theology? (Re)introducing

으로 유기적인 담론"이기 때문에 국제정치학에서 "신학으로의 회귀"를 제안합니다.[21]

윌리엄 베인(William Bain)은 파이파이스를 비롯한 학자들이 수행한 연구의 가치를 인정하면서도 "국제관계에 대한 직접적인 질문을 다루는 사람이 없다"[22]고 지적합니다. 대신 그는 국제정치학에서 정치신학이 기여할 수 있는 지점을 제안합니다. 그것은 국제정치학이 상상할 수 없는 "예외"의 지점을 탐구할 수 있는 여지를 만드는 것입니다. 이는 "합리적 개념과 범주에 기초한 확실한 지식을 추구하는 것을 포기하는 것"이며 "국제관계의 어휘를 탈자연화하여 신학으로 거슬러 올라가는 권위의 출처"를 밝히는 것입니다.[23]

위와 같은 선행 연구는 칼빈주의적 국제정치 연구가 어떤 방향을 추구해야 할지에 대한 단서를 제공합니다. 본서는 종교를 '정체성의 초석'[24]으로 다루는 데 초점을 맞추는

Political Theology into the Study of World Politics" in *Theology and World Politics: Metaphysics, Genealogies, Political Theologies*. Vassilios Paipais (London: Palgrave Macmillan, 2020), p. 7.

21 Vassilios Paipais, *Theology and World Politics: Metaphysics, Genealogies, Political Theologies*, p. 8.

22 William Bain, "Political Theology and International Relations_From History to Emancipation", *International Studies Quarterly*, vol. 67, no.4 (2023), p. 3.

23 William Bain, "Political Theology and International Relations," p. 10.

24 Jodok Troy, *Christian Approaches to International Affairs*, p. 13.

방식으로 그 단서를 활용합니다. 즉, 종교를 단순히 기능적인 요소나 이념의 기초로만 여기는 것이 아니라 인간 개인이 하나님 앞에 서 있는 존재 방식으로 다루는 것입니다.[25]

하지만, 이는 국가의 정체성 또한 종교적 세계관에 의해 구성된다는 전제를 인정하라는 것이지, 국가 정체성을 그리스도의 왕권과 일치시킴으로써 마치 특정 국가의 외교정책이 하나님의 뜻인 것처럼 세례를 주라는 뜻이 아닙니다. 주스트라는 그것을 "하나님의 주권을 무너뜨리고 국가라는 우상으로 대체"[26]하는 것이라고 주장했습니다.

국제정치학 영역에 기독교적으로 참여한다는 것은 국가 정체성을 형성한 요인을 관찰할 뿐 아니라 국가 정체성 형

---

25 잭 스나이더(Jack Snyder)는 국제관계학에 종교를 적용할 방법을 4가지 제시했습니다. 첫째, 종교가 국가체제를 형성하고 그 구성요소를 정의하며, 그들의 이해관계와 세계관에 생기를 불어넣어 왔다는 전통적 패러다임입니다. 둘째, 사무엘 헌팅턴(Samuel P. Huntington)의 문명의 충돌 이론입니다. 셋째, 무정부적인 환경에서 담론적인 틀과 초국가적인 네트워크의 경쟁적인 상호 작용을 생각하는데 있어서 현실주의와 구성주의를 모두 사용하는 '관계-제도적(relational-institutional)' 이론입니다. 넷째, 종교가 우연한 변수라는 패러다임적인 약속을 피하는 방법입니다(Jack Snyder, *Religion and international relations theory* [Columbia University Press, 2011], p. 2). 본서가 추구하는 방식은 세 번째에 해당합니다. 첫 번째 방식은 종교가 국가 정체성을 형성하는 배경으로 작동했다는 점까지는 인정하지만, 종교를 구조적 배경으로 보는데 그칩니다. 반면, 세 번째는 종교가 지금도 담론을 구성하고, 네트워크를 조직하는 등의 실천을 통해서 국가 정체성 형성에 참여하는 주요 행위자라는 사실까지 인정하는 것입니다.

26 Robert J. Joustra, "Abraham Kuyper among the Nations", p. 164.

성을 기획하는 일까지 동참하는 것입니다. 국제정치학자들인 라이너스 해그스트룀(Linus Hagström)과 칼 구스타프손(Karl Gustafsson)은 국가 정체성을 형성하는 요인 중 서사(narrative)에 주목했습니다. 그들은 학자들이 서사를 분석하는 역할만이 아니라 주변화되고 숨어 있는 서사를 찾아내서 서사의 구성에도 참여할 수 있는 역할을 수행해야 한다고 주장했습니다.[27]

칼빈주의적 국제정치 연구는 국제관계에 영향을 미치는 국가 정체성을 하나님 중심으로 파악하거나 형성하는 데 기여할 수 있어야 합니다. 예를 들어, 앞 장에서 소개해 드린 카이퍼의 국가관 중 첫 번째 의무인 '복음이 자유롭게 선포되는 나라'가 국제관계에도 적용될 수 있습니다. 국제사회가 복음에 관대한 국가 정체성을 지지하기를 추구하는 것은 비록 이상적이지만, 무시할 수 없는 목표입니다.

이에 대해 주스트라는 다음과 같이 말합니다.

> 카이퍼의 가장 큰 관심사가 복음의 자유로운 선포였다는 점은 의문의 여지가 없습니다. 카이퍼에게 외교정책의 근본적인 특징은 복음의 선포를 위해 세상을 안전하게 만드는 것이었으며, 오늘날 그가 종교나 신념의 자유를 주장하

---

27 Linus Hagström and Karl Gustafsson, "Narrative Power: How Storytelling Shapes East Asian International Politics", *Cambridge Review of International Affairs*, vol. 32, no. 4 (2019): 398.

는 열정적인 옹호자가 될 것이라는 점은 분명합니다.[28]

다음 파트에서 소개할 제 개인 연구는 국가 정체성 형성에 관한 깊이 있는 논의를 수행한 것은 아닙니다. 하지만, 한국에 대한 일본의 외교 전략이 성경적 가치에 근거하여 지속될 수 있도록 보충적인 개념으로서 영역주권을 제시했습니다.

2. 국제정치 연구 사례

이 파트에서는 제가 영국 워릭대학교(University of Warwick)에서 국제정치학 석사 과정을 거치며 수행한 연구를 소개하고자 합니다. 구체적으로는 "죄책감 외교에서 진정성의 개념 강화: 한일관계를 중심으로"(Strengthening the Concept of Sincerity in Guilt Diplomacy: Focusing on Korea-Japan Relations)[29]라는 제목의 논문을 요약 및 발췌하여 정리한 장이라고 할 수 있습니다.

---

28   Robert J. Joustra, "Abraham Kuyper among the Nations", p. 165

29   Jiwoong Park, "Strengthening the Concept of Sincerity in Guilt Diplomacy: Focusing on Korea-Japan Relations" (master's thesis, University of Warwick, 2024).

개인적인 연구를 굳이 소개하는 이유는 제가 영역선교를 하고자 하는 명확한 의도를 가지고 이 연구를 수행했기 때문입니다.

이 연구는 지역교회에서 영역선교사로 파송을 받은 이후 수행한, 저의 첫 영역선교 사역이라고 할 수 있으며 모든 그리스도인이 각자의 영역에서 조금씩이라도 영역선교를 수행할 수 있음을 보여 준다는 점에서 가치가 있는 연구입니다.

아무쪼록 이 연구 사례가 독자들의 첫걸음에도 격려와 도전이 되기를 바랍니다.

1) 연구 배경

먼저, 연구 배경을 간략히 설명드리면 다음과 같습니다. 한일관계는 역사적 문제로부터 자유롭지 않습니다. 위안부 문제, 야스쿠니 신사 참배, 역사 교과서 문제 등 한일관계에서 역사 문제는 지속적인 갈등의 원인이었습니다.

사실 일본은 여러 차례 사과를 표명한 적이 있습니다. 다만, 한국으로부터 사죄의 진정성을 인정받지 못했습니다.[30] 따라서 제 연구는 진정성 개념에 주목했습니다.

---

30 Renée Jeffery, "When Is an Apology Not an Apology? Contrition Chic and Japan's (Un)Apologetic Politics," *Australian Journal of International Affairs* vol. 65, no. 5 (2011), p. 612.

사죄의 진정성은 어떻게 측정할 수 있을까요?

경제적 보상이 있으면 될까요?

르네 제퍼리(Renée Jeffery)에 따르면, '구체적인 보상'이 대부분의 학자가 동의하는 기준이기는 합니다.[31] 하지만, 다니엘 버트(Daniel Butt)는 사과의 진정성을 경제적 보상만으로 판단하는 것은 피해자들에게 모욕감을 줄 가능성이 있다고 비판합니다.[32]

그러면 반복적으로 사죄하면 될까요?

그렇지 않습니다. 제니퍼 린드(Jennifer Lind)는 반복적인 사과 행위는 과거의 잘못을 정당화하려는 세력을 결집할 수도 있다고 경고합니다.[33] 즉, 일본에 반복적인 사과를 요구하면 '우리가 대체 언제까지 사과해야 하느냐'라는 내부적 반발이 생겨나고 이를 이용해 오히려 과거를 정당화하는 세력들이 힘을 얻을 수도 있다는 뜻입니다.

하지만, 제 연구는 진정성의 기준을 일반화하는 시도에 동참하지는 않았습니다. 국가 간의 사죄와 화해라는 것은 복잡한 정치적 환경의 영향을 받기 때문에 표준적인 기준

---

31   Renée Jeffery, "When Is an Apology Not an Apology? Contrition Chic and Japan's (Un)Apologetic Politics," *Australian Journal of International Affairs* vol. 65, no. 5 (2011), p. 609

32   Daniel Butt, "Repairing Historical Wrongs and the End of Empire," *Social & Legal Studies* vol. 21, no. 2 (2012), p. 229

33   Jennifer Lind, *Sorry States: Apologies in International Politics* (Ithaca, NY: Cornell University Press, 2011), p. 93

을 잡기는 쉬운 것이 아니기 때문입니다. 다시 말해, 사죄의 표준을 잡는다고 해도 그 표준이 적용되지 않는 특이한 사례가 나올 수 있습니다. 실제로 어떤 국가들은 속죄 행위가 거의 없어도 화해를 이루기도 합니다.[34] 따라서 국제관계에서 사과의 진정성은 각국의 현실에 맞춰 재해석되어야 합니다. 대신, 집중해야 했던 것은 진정성의 기준이 아니라 사과의 효과성입니다.

국가 간 외교에서 사죄의 진정성은 전략적 관점에서 다루어질 수 있어야 합니다. 토드 홀(Todd H. Hall)이 제창한 감정 외교(Emotional Diplomacy) 이론은 국가 간 외교에서 감정이 어떻게 전략적으로 다루어질 수 있는지 설명합니다. 그중에서도 죄책감 외교(the diplomacy of guilt)는 국가들이 왜 역사적 유산을 활용하여 국제관계를 형성하는지 분석함으로써, 효과적인 사과 행위가 무엇인지 결정하는 데 필요한 이론적 토대를 제공합니다.[35]

다만, 죄책감 외교가 한일관계를 완전히 설명하기에는 이론적으로 부족한 부분이 있었습니다. 실제로 제 연구가 나오기 이전까지 한일관계에 죄책감 외교가 적용된 연구는 존재하지 않았습니다. 저는 죄책감 외교 이론의 한계를 아

---

[34]   Jennifer Lind, *Sorry States: Apologies in International Politics*, p. 3.

[35]   Todd H. Hall, Emotional Diplomacy: *Official Emotion on the International Stage* (Ithaca and London: Cornell University Press, 2015), pp. 115–117; p. 120.

브라함 카이퍼의 영역주권 원리를 통해 보완을 시도함으로써 영역선교를 수행했습니다.

2) 죄책감 외교(the diplomacy of guilt)란?

토드 홀은 감정 외교 이론을 제안하고, 감정 외교를 분노의 외교(the diplomacy of anger), 동정의 외교(the diplomacy of sympathy) 그리고 죄책감의 외교(the diplomacy of guilt) 세 가지로 나누었습니다. 죄책감 외교는 감정 외교 이론의 한 부분입니다. 감정 외교는 전략적 성격이 강한 외교 도구라고 할 수 있습니다. 국가가 자신의 국가 이미지를 전달하기 위해 행하는 외교 전략인 것입니다. 이 전략이 성공하기 위해서는 국가가 "거대하고 조직적인 퍼포먼스"[36]를 통해 국가 차원의 공식 감정을 만들어내야 합니다.

기존의 국제정치는 보통 설득이나 타협 혹은 힘을 통한 위협 등의 도구를 이야기하지만, 홀은 의도적인 감정을 활용하여 국가의 이미지를 개선하고, 국제관계를 발전시킬 수 있다고 본 것입니다.[37] 그중에서도 죄책감 외교는 "속죄,

---

36   Todd H. Hall, *Emotional Diplomacy: Official Emotion on the International Stage*, p. 16.

37   Todd H. Hall, *Emotional Diplomacy: Official Emotion on the International Stage*, p. 37.

후회, 사과의 담론"[38]을 활용하는 이론입니다. 죄책감 외교는 국가의 감정을 정부 행위자들의 담론을 통해 판단하기 때문에 담론을 분석하는 것은 죄책감 외교 이론에서 중요한 연구 방법입니다.

죄책감 외교는 국가가 과거의 잘못과 거리를 두고 국제 사회에서 자신을 다시 인정받기 위해 이미지를 개선하는 방법이기 때문에[39] 진정성은 이 전략을 성공시키는 데 중요한 지표가 됩니다. 하지만, 개인과 달리 국가는 감정을 느끼지 못하며, "감정적 진정성이란 투사된 이미지에 불과"[40] 하다는 한계가 있습니다.

홀은 이 진정성을 표현하기 위한 제스처로 두 가지 유형을 제시했습니다.

• 표현적 제스처(expressive gesture)

정부의 행위자들이 표현과 행동에 있어 일치되는 것으로 죄책감 외교에서 표현적 제스처에 포함될 수 있는 요소는 다음과 같습니다.

"죄책감, 후회, 수치심 등의 용어를 직접 사용하는 것"

---

38 Todd H. Hall, *Emotional Diplomacy: Official Emotion on the International Stage*, p. 117.

39 Todd H. Hall, *Emotional Diplomacy: Official Emotion on the International Stage*, p. 118.

40 Todd H. Hall, *Emotional Diplomacy: Official Emotion on the International Stage*, p. 27.

"과거 행동이 초래한 고통을 인정하는 것"

"이러한 행동을 비난하거나 사과하는 발언"[41]

• **실질적 제스처**(substantive gestures)

표현적 제스처를 뒷받침하기 위해 물질적 자원을 사용하는 것으로 죄책감 외교에서 실질적 제스처에 포함되는 요소는 다음과 같습니다.

"과거의 잘못을 보상하기 위해 물질적 비용을 지불하는 것"

"과거의 잘못을 보상하기 위해 정치적 비용을 지불하는 것"

"원조나 배상 등을 제공하는 것"[42]

3) 이론을 재구성한 부분

죄책감 외교 이론은 기존 국제정치 이론의 물질주의적 관점이 설명하기 어려운 부분을 설명해 냈다는 점에서 가치가 있습니다. 그럼에도 한일관계라는 특수사례에는 적용하기 이론적 한계가 발견되었습니다.

---

41   Todd H. Hall, *Emotional Diplomacy: Official Emotion on the International Stage*, p. 118.

42   Todd H. Hall, *Emotional Diplomacy: Official Emotion on the International Stage*, p. 28; p. 119.

첫째, 진정성을 충족하는 조건에서 실질적 제스처를 물질적 비용 혹은 정치적 비용으로 본다는 점입니다.

둘째, 진정성의 역사적 지속성을 고려하지 않는다는 점입니다.

첫 번째 한계와 관련하여 기존의 죄책감 외교 이론은 물질적 비용과 정치적 비용을 명확히 분리하여 평가할 수 없습니다. 이러한 평가 방식으로는 한일관계가 충분히 해석되지 않습니다. 대표적인 사례가 1995년 무라야마 담화입니다. 죄책감 외교의 기준을 적용할 때, 무라야마 담화는 성공적인 죄책감 외교였습니다.

무라야마 담화는 총리 개인의 견해가 아닌 내각의 만장일치를 통해 만들어진 결의문으로 정부 행위자들의 팀 퍼포먼스에 의해 의도적이고 조직적으로 구성된 공식적인 감정이었습니다.

또한, 이 담화는 표현적 제스처와 실질적 제스처를 동시에 수행했습니다. 죄책감 외교에서 표현적 제스처는 잘못의 인정과 함께 후회와 사죄의 표현을 담는 것입니다. 그런데 무라야마 담화의 발췌본을 보면 식민 지배와 침략의 책임이 일본에 있다는 사실을 인정했고, 그로 인한 죄책의 감정을 "반성", "사죄" 그리고 "슬픔"과 같은 문구를 통해 명확하게 담아냈음을 알 수 있습니다.

게다가 무라야마 정권은 담화 전후로 표현적 제스처에 걸맞은 실질적 제스처를 취하기 위해 시도했습니다. 무라야마 정부는 '아시아여성기금'(Asian Women's Fund, AWF)이라는 단체를 만들어 일본군 위안부 피해자들에게 경제적 배상을 실행하려고 했습니다.

그러나 죄책감 외교의 요건을 모두 갖추고도 무라야마 담화는 한국에서 충분한 사죄로 인정받지 못했습니다. 박상준에 따르면, 무라야마 담화가 발표되었을 때 한국에서는 "이미지 제고를 위한 피상적 사과로 폄하"될 뿐, 긍정적인 기사를 찾아볼 수 없었다고 합니다. 이후에 일본의 우익 정부가 무라야마 담화조차 부정하자 그제서야 한국 언론들이 무라야마를 양심 있는 일본인으로 칭찬하기 시작했다는 것입니다.[43]

저는 첫 번째 한계를 극복하기 위해 실질적 제스처를 '물질적 또는 정치적 비용'(either material or political cost)이 아니라 '물질적 비용과 정치적 비용'(material cost and political cost)[44]으로 재정의했습니다. 그리고 물질적 비용과 정치적 비용을 구분하여 각각의 정의를 내렸습니다. 제가 새로 제안한 진정성 기준을 따를 때, 일본의 후속 조치는 정치적 비

43 Todd H. Hall, *Emotional Diplomacy: Official Emotion on the International Stage* .

44 Jiwoong Park, "Strengthening the Concept of Sincerity in Guilt Diplomacy: Focusing on Korea-Japan Relations", p. 8.

용으로 간주될 수는 있어도, 물질적 비용에는 해당하지 않
습니다.

저는 물질적 비용을 "담론과 죄책감의 표현으로서 표현
적 제스처가 수반된 상태에서 정부가 자발적으로 경제적
배상을 실행하는 것"[45]으로 정의했습니다. 이는 물질적 비
용의 세 가지 조건, 즉 표현적 제스처가 수반되고, 자발적
으로 이루어지며, 정부가 주도하는 배상이어야 한다는 점
등을 포함하고 있습니다.[46]

AWF는 앞의 두 가지 조건을 모두 충족했지만, 마지막
조건인 '정부가 주체여야 한다'는 점을 충족시키지 못했다
는 점에서 물질적 비용이라고 분류될 수 없습니다.

실제로 무라야마 전 총리는 AWF가 민간단체의 모금 활
동이라는 이유로 비판을 받은 적이 있다고 말했습니다.[47]
즉, 무라야마 담화는 나름대로 경제적 배상을 제공하기 위
해 노력했지만, 그것이 엄밀한 의미의 물질적 비용에 해당
하지 않기 때문에 그 진정성을 의심받았다고 말할 수 있습
니다.

---

45 Todd H. Hall, *Emotional Diplomacy: Official Emotion on the International Stage*, p. 10.

46 Todd H. Hall, *Emotional Diplomacy: Official Emotion on the International Stage*, p. 26.

47 동북아역사재단, 『무라야마 전 총리와 함께 일본군 '위안부' 문제를
생각한다』(펴낸이 김학준; 서울: 동북아역사재단, 2015), p. 25.

반면, AWF를 통한 경제적 배상은 물질적 비용의 조건을 온전히 충족시키지는 못했지만, 정치적 비용으로 간주될 수 있는 조건은 갖추고 있습니다.

저는 정치적 비용을 "표현적 제스처가 수반된 상태에서 국내정치적 관계의 인센티브 혹은 국제정치적 관계의 인센티브를 자발적으로 포기하는 것"[48]이라고 재정의했습니다.

AWF는 국내정치적 인센티브를 명백히 포기했습니다. 무라야마 전 총리는 AWF를 추진하면서 우파와 좌파 모두에게 공격을 받았기 때문입니다.[49]

그러나 제가 수정한 진정성 개념은 물질적 비용과 정치적 비용을 모두 충족해야 완성되는 것이며 둘 중에 하나만으로는 부족한 것입니다. 따라서 무라야마 담화는 정치적 비용을 지불했지만 물질적 비용을 온전히 지불하지 못하여 진정성을 충족하지 못한 사례라고 볼 수 있습니다.

두 번째 한계는 기존의 죄책감 외교 이론이 진정성의 유효기간을 다루지 않는다는 점입니다. 죄책감 외교에서 진정성을 충족하는 요건은 표현적 제스처와 실질적 제스처가 서로 모순되지 않는 "내적 조화"(internal consonance)에 초점

---

48   Jiwoong Park, "Strengthening the Concept of Sincerity in Guilt Diplomacy: Focusing on Korea-Japan Relations", p. 11.

49   동북아역사재단, 『무라야마 전 총리와 함께 일본군 '위안부' 문제를 생각한다』, p. 25.

이 맞춰져 있습니다.[50] 하지만, 내적 조화는 단회적이므로 정권이 변하면 진정성을 보장하지 않습니다.

죄책감 외교의 창시자인 홀은 독일과 이스라엘의 관계를 연구함으로써 죄책감 외교가 성공적으로 수행된 사례를 검토했지만, 한 정권 내에서 수행된 죄책감 외교가 다음 정권에서 어떻게 이어졌는지는 다루지 않았습니다.

앞서 예로 든 무라야마 담화는 일본 정부가 공식적인 계승을 표방하고는 있지만, 실질적인 계승은 이루어지지 않고 있다는 평가를 받고 있습니다.[51] 그러나 기존의 죄책감 외교 이론은 무라야마 담화와 같이 진정성이 정부와 정부 사이에 효과적으로 계승되지 못한 경우의 수를 간과합니다.

죄책감 외교가 회복탄력성을 지닌 장기적 전략이 되기 위해서는 지속성이 필요했습니다. 따라서 저는 현 정부와 후임 정부 사이에 죄책감 외교의 전략이 지속되고 공유되는 "역사적 지속성"(historical continuity)[52]이라는 개념을 제안했습니다. 죄책감 외교의 진정성 개념이 강화되기 위해서는 표현적 제스처와 실질적 제스처 사이의 내적 조화만이

---

50   Todd H. Hall, *Emotional Diplomacy: Official Emotion on the International Stage*, p. 119.

51   윤석정, "전후 70년 담화와 한국: 무라야마 담화에 대한 덮어쓰기와 한국 배제," 「아태연구」 26, no. 1 (2019), pp. 42-43; 동북아역사재단, 『무라야마 전 총리와 함께 일본군 '위안부' 문제를 생각한다』, p. 21.

52   Jiwoong Park, "Strengthening the Concept of Sincerity in Guilt Diplomacy: Focusing on Korea-Japan Relations", pp. 11-14.

아니라 후속 정부가 기존 정부의 입장을 계승하는 지속성
도 존재해야 합니다.

과거에 저지른 역사적 불의에 대해 현세대의 국가와 국
민들이 "집단적 책임을 상속받았다"[53]는 주장이나 역사적
잘못을 인정하고 수용하는 것이 다음 세대에도 전달되는
방식, "집단 기억과 사회적 문화에 의해" 공유되는 방식이
사죄에서 중요한 부분을 차지한다는 주장[54]은 제 주장을 규
범적으로 뒷받침한 근거였습니다.

그러나 역사적 지속성은 규범적 차원뿐만 아니라 전략적
으로도 중요한 것입니다. 이는 죄책감 외교가 외교 전략적
도구라는 점을 고려할 때, 국제관계에서 신뢰를 잃어버리
는 것은 전략의 실패이기 때문입니다. 더구나 신뢰는 본질
적으로 습관적인 성질을 가지고 있기 때문에 한 번 잃으면
재건하기 힘듭니다.[55]

만약 이전 정부에서 사용했던 죄책감 외교를 다음 정부에
서 부정해 버린다면, 죄책감 외교의 대상이 되는 국가는 상

---

53   Daniel Butt, "Historic Injustice and the Inheritance of Rights and Du-
ties in East Asia," in *Inherited Responsibility and Historical Reconcilia-
tion in East Asia*, ed. Chaihark Hahm and Melissa Nobles (New York and
Milton Park, Abingdon: Routledge, 2013), p. 41.

54   Elif Özlük, "Apologising in International Relations: Theory of Apolo-
gy," Uluslararası İlişkiler / International Relations vol. 11, no. 44 (2015),
p. 58.

55   Nicholas Rengger, "The Ethics of Trust in World Politics," *Internation-
al Affairs* vol. 73, no. 3 (1997), p. 472.

대 국가를 더 이상 신뢰하기 어려울 것입니다. 제니퍼 린드는 한국이 일본의 사죄를 불신하는 이유를 두고 후속 정부에서 기존의 사죄를 부정하고 오히려 잘못을 정당화하는 모습을 보이기 때문이라고 분석했습니다.[56]

저는 이러한 점에서 역사적 지속성이 없는 단기 전략으로서 죄책감 외교는 회복탄력성이 결여된 일회용 전략으로 전락할 위험이 있음을 비판했습니다.[57]

4) 영역주권 개념은 어떻게 활용되었는가?

영역주권 사상은 죄책감 외교 이론을 보충할 때 사용한 '역사적 지속성'을 실천할 수 있는 방법론으로써 활용했습니다. 죄책감 외교를 포함한 감정 외교 이론은 기본적으로 외교에 활용하는 감정에 정부의 공식적인 감정만을 취급합니다.

하지만, 저는 죄책감 외교에 대중적 감정, 구체적으로는 시민사회의 감정까지 활용할 것을 제안했습니다.[58] 죄책감 외교에 대중적 감정을 활용하기 위해서는 넘어야만 하는

56　Jennifer Lind, "Apologies in International Politics," *Security Studies* vol. 18, no. 3 (2009), pp. 537-538.

57　Jiwoong Park, "Strengthening the Concept of Sincerity in Guilt Diplomacy: Focusing on Korea-Japan Relations", p. 13.

58　Jiwoong Park, "Strengthening the Concept of Sincerity in Guilt Diplomacy: Focusing on Korea-Japan Relations", pp. 17-23.

산들이 있었습니다.

사실 죄책감 외교 이론의 제창자인 홀도 감정 외교가 세대를 거쳐 이어지기 위해서는 대중감정의 활용이 필요하다는 점을 인정했습니다.[59] 하지만, 대중감정이 활용되기 어려운 두 가지 한계를 지적했습니다.

첫째, 조직화되기 어렵다.
둘째, 컨트롤하기가 어렵다.[60]

저는 영역주권의 핵심 원리와 실천 원리를 활용할 때, 죄책감 외교가 대중감정을 활용하기 어려운 두 가지 한계를 모두 극복한다고 주장했습니다.[61]

(1) 첫 번째 한계: 핵심 원리와 정부(국가)의 관리자 역할로 극복

먼저, 대중감정이 조직화되기 어렵다는 한계는 영역주권이 모든 영역에 미치는 보편규범을 상정한다는 핵심 원리와 영역주권 하에서 정부는 관리자 역할을 해야 한다는 실

59 Todd H. Hall, *Emotional Diplomacy: Official Emotion on the International Stage*, p. 192.

60 Todd H. Hall, *Emotional Diplomacy: Official Emotion on the International Stage*, p. 25.

61 Jiwoong Park, "Strengthening the Concept of Sincerity in Guilt Diplomacy: Focusing on Korea-Japan Relations", p. 17-23.

천 원리를 통해 극복될 수 있습니다.

영역주권은 하나님의 주권이라는 보편규범이 모든 영역을 관통한다고 여기며 모든 영역을 공통의 규범 아래 통합적으로 기능하는 유기체로 봅니다. 그리고 정부의 영역은 모든 영역이 보편규범에 따라 상호 작용하도록 돕는 관리자 역할을 해야만 합니다.

즉, 영역주권은 서로 다른 영역이 무질서하게 자율성을 갖는 개념이 아닙니다. 특정 시민사회 영역이 정부와 동일한 규범적 틀 아래서 동일한 전략을 공유할 때, 그 영역에서 구성된 감정은 정부의 감정과 동일시될 수 있으며, 조직성을 띤다고 볼 수 있습니다.

다만, '대중'이라는 추상적인 대상 모두가 조직성을 띠는 것은 불가능합니다. 산발적으로 모였다가 흩어지는 모든 대중이 아니라 시민사회라는 사회적 조직체의 감정만이 활용될 수 있습니다. 이는 카이퍼가 사회 영역에서 기독교 조직의 구성을 통해 사회 활동할 것을 제안한 것과 일맥상통하는 것입니다.

시민사회 영역의 행위자로 인정받기 위해서는 각자의 영역을 대표할 수 있는 정체성을 가져야 하고, 지속적인 모임과 활동 그리고 체계적인 조직이 존재해야 합니다. 나아가 정부와 죄책감 외교 전략의 필요성, 정당성, 방법론 등에 관해 논의하고 소통하는 상호 작용이 이루어져야 합니다.

가령, 일본은 과거의 군국주의를 반성하고 자유롭고 평화로운 국가라는 이미지를 제고(提高)한다는 전략을 시민사회와 공유하는 보편규범으로 세울 수 있습니다. 그리고 일본 정부는 시민사회 영역의 행위자들이 위와 같은 규범에 기초하여 자발적인 화해 활동을 모색하고 실천에 옮길 수 있도록 법적으로 보장하며, 경제적으로도 지원하는 것입니다.

이 과정은 사적이거나 비밀스러워서는 안 되고 공식적이어야 합니다. 정부의 영역과 시민사회 영역이 공통의 규범과 전략을 공유하고 상호 간의 교류가 있다는 사실을 의도적으로 공표하는 것입니다.

이러한 프로세스에 공식 참여한 시민사회 영역의 감정은 조직적이고 의도적이며 공식적인 감정으로 인정받을 수 있습니다. 영역주권의 보편규범은 하나님의 주권이 핵심이기에 기독교 국가가 아닌 일본에서 이것을 수용하기는 힘들다는 비판이 있을 수 있습니다.

하지만, 본 연구는 영역주권의 기독교적 가치를 직접적으로 적용한 것이 아니라 영역주권의 구조부터 점진적으로 적용하려는 시도를 담고 있습니다. 세속 국가인 일본이 하루아침에 기독교 가치로 무장된 정부가 되길 바라는 것은 비현실적일 뿐만 아니라 카이퍼식 기독교 국가의 목표도 아닙니다.

성급한 성취를 추구하는 것보다 중요한 것은 세속 국가에도 기독교적 가치가 자유롭게 흐를 수 있는 정치적 구조가 형성되도록 돕는 것입니다. 일본 정부가 죄책감 외교의 성공적인 수행을 위하여 영역주권의 구조를 수용하는 것은 그 첫 번째 단계가 될 수 있습니다.

폴 빌링햄은 영역주권의 구조가 세속 정부의 자유주의적 정당성과 일맥상통할 수 있다는 점에서 양자 간의 구조적인 차이는 없다고 주장했습니다.[62] 카이퍼는 세속 정부가 추구하는 헌법의 자유와 같은 가치가 칼빈주의 사상과 동일한 뿌리를 공유한다고 주장한 바 있습니다.[63]

무라야마 담화 안에 "자유, 번영, 국제사회의 책임 있는 일원, 평화와 민주주의 원리"[64]와 같은 표현이 사용되었다는 것은 일본이 이처럼 보편적 가치에 거부감이 없음을 시사합니다.

---

62 Paul Billingham, "Subsidiarity, sphere sovereignty, and state sovereignty", p. 17.

63 아브라함 카이퍼, 『칼빈주의 강연』, p. 98.

64 Ministry of Foreign Affairs of Japan(1995). Statement by Prime Minister Tomiichi Murayama "On the occasion of the 50th anniversary of the war's end" (15 August 1995). [Online] Available at: https://www.mofa.go.jp/announce/press/pm/murayama/9508.html.

(2) 두 번째 한계: 모든 영역의 자율성으로 극복

영역주권 사상을 통해 극복할 수 있었던 또 하나의 한계는 대중감정을 통제하기 어렵다는 점입니다. 이 한계를 극복하는 데는 모든 영역이 고유한 주권과 자율성을 갖는다는 영역주권의 실천 원리가 적용되었습니다.

이 원리는 죄책감 외교에서 정부가 대중감정을 통제하는 메커니즘을 단순화시키는 역할을 합니다. 따라서 정부는 시민사회와 정부가 상호 연결되어 있다는 것만 입증하면 됩니다. 이 연결 고리는 앞서 언급한 시민사회의 감정을 조직화한 방식과 동일합니다. 즉, 정부와 보편규범을 공유하고, 조직적 관리 아래 있는 시민단체가 어디인지를 공개하며, 그 활동을 선전하는 것입니다.

시민사회와의 연결 고리에 대한 공표를 통해 정부의 의도가 반영되었음만 입증이 된다면, 그 이후에는 시민사회가 정부로부터 일일이 통제될 필요가 없습니다. 시민사회는 각자의 주권에 따라 방법론을 개발하고 실천해야 하기 때문입니다.

이러한 시민사회 활동이 늘어날수록 정부는 자동적으로 실질적 제스처를 취하는 효과를 얻게 됩니다. 이는 정부가 자발적으로 권한을 축소하고 시민사회의 자율성을 인정한다는 점과 이러한 활동으로 인해 정치적 반대 여론에 직면할 수 있다는 점 등이 정치적 비용의 지출로 간주될 수 있기 때문입니다.

이렇게 활용된 대중감정은 역사적 지속성을 유지하는 데 유익합니다. 영역주권 사상 안에서 정부는 가변적이지만, 영역을 아우르는 보편규범은 변하지 않습니다.

정부를 포함한 모든 영역이 보편규범을 중심으로 하여 상호 작용하는 시스템이 구축되면, 이후의 후임 정부가 새로운 규범을 들여와 외교 전략을 변경하는 것에 대하여 저항력이 생길 수 있습니다. 정부가 정책을 형성할 때는 공공의 합의라는 절차적 정당성을 무시할 수 없습니다. 그런데 이미 공공사회에 내재된 보편규범이 있고, 새로운 외교 전략이 이러한 규범에 반하는 방향이라면 공공의 합의가 이루어질 가능성이 낮아집니다.

예를 들어, 일본 시민사회 다수의 영역에 성경의 가치에 따른 화해의 정신이 보편규범으로서 내재화되었다고 가정해 보겠습니다. 이 규범에 따라 정부가 한국에 사죄하는 외교 전략을 취하다가, 후속 정부가 들어서 이를 파기하고자 한다면 시민사회 차원의 여론 저항이 일어날 수 있습니다.

그뿐만 아니라 대중감정은 정권의 변화라는 환경적 영향에서 비교적 자유롭습니다. 따라서 만약 정부의 전략이 성공적으로 변경되었다고 하더라도, 시민사회 차원에서의 실천은 유지될 수 있습니다. 쉽게 말해, 정부가 화해를 거부하더라도 양국의 시민사회 영역은 비록 이전보다는 제한적일지라도, 여전히 화해의 활동을 이어갈 수 있는 것입니다. 영역주권은 모든 시민사회 영역의 주권과 자율성을 보장해야만 하는 실천 원리를 전제로 하기 때문입니다.

결론적으로 영역주권은 감정 외교에서 대중감정을 활용하기 어려운 한계를 극복할 뿐만 아니라 한 번 시행된 전략이 쉽게 번복되지 못하도록 방지함으로써 진정성을 제고하는 효과도 갖습니다.

(3) 오야마 레이지 목사 사례

최근에 소천한 일본의 오야마 레이지(尾山令仁) 목사의 생애는 제 연구를 뒷받침하는 중요한 사례가 됩니다. 그의 사죄 운동은 시민사회 영역의 중요성을 잘 보여 줍니다.

오야마 목사는 한국뿐만 아니라 아시아 국가에 대한 "최초의 사죄 운동"을 해 온 인물입니다.[65] 그는 제암리 학살 사건에 대한 사죄를 위해 한국에 방문하기도 했는데, 그의 사죄는 개인적인 것이 아니었고 '한일친선선교협력회'(日韓親善宣教協力会)라는 단체를 통한 것이었다는 점[66]에서 시민사회 영역이라는 정체성을 가지고 있었습니다.

오야마 목사는 개인적으로도 일본 교계를 대표하기에 부족한 인물은 아니었습니다. 그에게는 "일본그리스도인학

---

65   백선영, "오야마 레이지 목사, 96세로 소천" 기독교신문, 2023년 5월 19일, http://www.gdknews.kr/news/view.php?no=14561#none;.

66   윤예림, 신진호, "'이젠 됐다 할 때까지 일제 만행 사죄'···日 양심 오야마 목사 별세", 서울신문, 2023년 5월 18일, https://www.seoul.co.kr/news/international/2023/05/18/20230518500124.

생회(KGK)와 성서그리스도교회의 창립자",[67] "일본개신교 성서신앙동맹(JPC)의 제3대 실행위원장과 도쿄신학교 교장"[68] 그리고 "일본어 현대역 성서의 역자"[69] 등의 이력이 있습니다.

오야마 목사의 사죄 운동은 정부 차원의 공식적인 활동은 아니었기 때문에 정부 간 국제관계에 미친 영향을 평가할 수는 없습니다. 하지만, 적어도 종교의 영역에서 양국의 관계를 명백히 진전시켰으며, 정부의 변화에도 여전히 지속성을 가진 사례로 볼 수 있습니다.

예장합동측 총회장이었던 소강석 목사는 오야마 목사가 한일 간의 화해에 큰 역할을 했음을 인정하며 일본으로 직접 건너가 장례식에 조문했으며,[70] 선교단체 일본복음선교회 대표인 이수구 목사 역시 오야마 목사가 한일관계에 중요한 역할을 했음을 인정했습니다.[71]

---

67 이대웅, "소강석 목사, '日 과거사 회개' 故 오야마 레이지 목사 조문", 「크리스천투데이」, 2023년 5월 23일, https://www.christiantoday.co.kr/news/354578.

68 백선영, "오야마 레이지 목사, 96세로 소천".

69 윤예림, 신진호, "'이젠 됐다 할 때까지 일제 만행 사죄'···日 양심 오야마 목사 별세".

70 이대웅, "소강석 목사, '日 과거사 회개' 故 오야마 레이지 목사 조문"

71 이현성, "'그만하랄 때까지 사죄'···오야마 레이지 목사 별세", 국민일보, 2023년 5월 17일, https://www.kmib.co.kr/article/view.asp?arcid=0018270468.

주목할 것은 그의 운동이 대를 이어 지속되고 있다는 사실입니다. 오야마 목사의 차남인 오야마 세이지(尾山淸仁) 목사는 아버지를 이어 성서그리스도교회를 이끌고 있으며 교회의 모토를 "한국, 가까운 이웃 국가에 대한 사죄의 자세를 앞으로도 계속 유지한다는 것"[72]이라고 인터뷰했습니다.

무라야마 정신을 계승하겠다는 공식적인 선언에 비해서 실질적인 역사적 지속성을 유지하지 못하고 있는 정부의 영역과 달리, 오야마 목사의 사죄 운동은 비정부 영역에서 지속성을 유지하고 있습니다.

만약 무라야마 정권에서 오야마 목사의 사죄 운동과 같은 시민사회 영역의 대중감정을 보다 적극적으로 활용했다면, 과연 후임 정권이 그 정신을 쉽게 부정할 수 있었을지 의문입니다. 사회 저변에 내재화된 대중감정은 정치인에게 무시할 수 없는 여론을 형성했을 것이고 오히려 이를 무시하는 것 또한 정치적 부담으로 여겨졌을 것입니다.

확실한 것은 오야마 목사의 사례가 대중감정을 공식적인 감정으로 활용할 때 역사적 지속성을 확보할 수 있다는 잠재성을 보여 준다는 점입니다.

---

[72] 이세원, "日 오야마 세이지 목사 '한국에 대한 사죄는 우리 교회 모토'", 연합뉴스, 2023년 8월 14일, https://www.yna.co.kr/view/AKR20230813044500005.

3. 정리

제 연구는 '죄책감 외교'라는 국제정치 이론이 한일관계의 특수한 사례에 적용되기 어렵다는 점을 포착했습니다. 죄책감 외교 이론이 한일관계에 적용되기 위해서는 진정성 개념을 보다 강화할 필요가 있었습니다. 그러나 개념 강화를 위해 해결해야 할 두 가지 한계가 있었고, 저는 이 한계 극복을 위해 카이퍼의 영역주권 사상을 활용했습니다. 활용 방법은 영역주권의 핵심 원리와 실천 원리를 구체적으로 적용하는 것이었습니다.

오야마 레이지 목사의 사죄 운동은 비록 국가 간 관계까지 영향을 미치지는 않았지만, 잠재성을 보여 주기에는 충분한 사례였습니다. 정부의 영역뿐만 아니라 모든 삶의 영역에서 성경적 가치에 따른 운동이 일어날 때 정부의 외교 정책에도 영향을 줄 수 있기 때문입니다.

제 연구는 다소 이상적인 적용에 그쳤다는 점에서는 한계가 있습니다. 워릭대학교 교수이자 저명한 일본 전문가인 크리스토퍼 휴즈(Christopher W. Hughes) 교수는 일본이 재군사화하고 있다는 사실을 진작부터 주장했으며,[73] 그 안에는 과거사를 정당화하는 수정주의 역사관이 자리하고 있다고 봤습니

---

[73]   Christopher W. Hughes, 『일본의 재군사화』(*Japan's Remilitarisation*), 류재현 옮김 (한국해양전략연구소, 2009) 참고.

다.[74] 또 제 석사 논문의 감독자였던 맥스 워랙(Max Warrack)은 일본이 문화적으로도 군사화하고 있다고 주장했습니다.[75]

이러한 연구 결과를 고려하면, 제 연구의 결론이 일본 사회에 적용될 가능성은 높지 않습니다. 중요한 것은 일본의 시민사회에서 오야마 레이지 목사의 사죄 운동과 같은 자율적이고 주권적인 활동이 얼마나 활발하게 이루어지느냐에 달려 있습니다. 당연하게도 이 가능성은 그리스도인의 문화 참여를 통해서 실현될 수 있습니다.

부족한 점이 많지만, 제 연구는 세속 학문의 영역에서 영역주권의 원리를 활용한 연구를 시도했다는 점에서 가치가 있다고 할 수 있습니다.

---

74 Christopher W. Hughes, *Japan's Foreign and Security Policy Under the 'Abe Doctrine': New Dynamism or New Dead End?* (Basingstoke: Palgrave Pivot, 2015), pp. 15-20.

75 Max Warrack, "Manga and Militarism: Rehabilitating Military Violence in Japan," *The Pacific Review* (2025), https://doi.org/10.1080/09512748.2025.2484343. 참고.

제5장

결론: 왕을 위하여 '흩어질' 이들에게

1. 영역선교의 개념 정리

지금까지 논의한 것을 종합하여 영역선교의 개념을 정리하겠습니다. 영역선교는 영역주권의 핵심 원리와 실천 원리를 기반으로 하나님 나라의 확장 사업에 집중하는 것입니다. 영역선교가 전해야 할 핵심적인 메시지는 하나님의 통치권이 교회를 포함한 삶의 모든 영역에 미친다는 것입니다.

이 핵심 메시지는 삶의 모든 영역을 아우르는 신앙의 선포이자, 보편규범이 됩니다. 즉, 모든 영역은 '하나님의 주권'이라는 명확하고도 공통된 규범에 의해서만 규율되어야 합니다.

영역선교가 추구하는 본질적인 목표는 개별 영역이 각자의 고유한 소명을 따라 자신의 영역이 하나님의 통치가 작동하는 곳으로 변혁시키는 것입니다. 모든 영역의 행위자들은 교회를 통해 세계관을 형성하고 그리스도인의 삶을 체화하지만, 모든 영역의 선교 활동이 교회에 의해 행해지는 것은 아닙니다. 각 영역의 행위자가 독립적인 주권을 가지고 자율적으로 행하는 것입니다. 이 독립성은 교회뿐만 아니라 각 영역의 관리자로서 독특한 권한을 부여받은 정부도 침해할 수 없습니다.

이 모든 사역의 사상적 근저에는 칼빈주의 세계관이 있습니다. 영역을 선교한다는 것은 각 영역에 흐르는 세계관을 하나님 나라의 가치관(칼빈주의 세계관)으로 변화시킨다는 것입니다. 영역을 선교한다는 말은 곧 세계관을 선교한다는 것입니다. 이는 영역선교를 기존의 선교 방법과 구분 짓는 가장 핵심적인 지점입니다. 영역선교에는 세계관 변혁이 필수적 요소이며 그것이 핵심적인 활동이어야 합니다.

결과적으로 영역선교란 '고유한 주권과 소명을 부여받은 영역 행위자가 자기가 속한 영역을 칼빈주의와 영역주권의 원리를 따라 작동하도록 변혁시키는 일'이라고 정의할 수 있습니다.

2. 하나님 나라를 인간이 만든다는 것은 오만한 착각

영역을 선교하는 과정에서 중요한 것은 하나님 나라를 일구는 것이 우리의 힘과 의지로 되는 것이 아니라는 사실을 잊지 않는 것입니다. 카이퍼는 창세기 6장이 우리에게 하시는 말씀을 곡해하지 않도록 주의를 줍니다. 그에 따르면, 성경은 "우리 인류가 질서, 안정, 규칙의 상태에 도달했거나, 느리지만 자유로운 발전을 통해 원시 상태에서 어느 정도 문화의 상태로 발전"했다고 말하지 않습니다. 창세기에서 말하고자 하는 것은 인간의 계획이 악할 뿐이라는 것이고 그럼에도 노아의 홍수 이후 국가가 발생한 것은 하나님의 은총 덕분이라는 것입니다.[1]

다시 말해, 우리는 영역선교를 통해 사회의 모든 영역이 하나님의 통치 질서 안에서 움직이도록 힘쓰지만, 그 모든 일을 작정하시고 섭리하시는 분은 하나님이심을 기억해야 합니다.

그런 점에서 영역선교가 말하는 변혁은 개발(development), 발전(growth) 혹은 혁신(renovation)과 같은 문명의 발전과 구분되어야 합니다. 주종훈의 통찰을 빌리자면, 세계관의 변혁은 곧 "뒤틀려진 관계를 참된 평화(샬롬)의 상태로 재정

---

1   아브라함 카이퍼, 『반혁명 국가학 1: 원리』 pp. 154-155.

립하는 것"입니다.[2] 변혁을 관계의 재정립으로 이해하지 않으면 중대한 오류에 빠집니다. 이는 마치 인간의 노력으로 하나님 나라를 만들 수 있다는 착각입니다. 하나님의 나라가 우리 손으로 만들어질 수 있다는 환상은 카이퍼의 사상과도 맞지 않습니다.

카이퍼는 "새 예루살렘은 하늘로서 하나님으로부터 내려올 것이지만, 지금은 보이지 않는 것의 신비 가운데 그 광채를 우리 눈으로부터 숨긴다"[3]고 말함으로써 하나님 나라(새 예루살렘)의 도래가 전적으로 하나님의 주권에 달려 있는 것임을 분명히 했습니다.[4]

---

2   주종훈, 『기독교 예배와 세계관: 삶의 변화를 위한 예배의 이해와 실천』, p. 19.

3   아브라함 카이퍼, 『칼빈주의 강연』, p. 76.

4   톰 라이트(N. T. Wright)는 이 지점에서 카이퍼와 차이를 보입니다. 그가 말하는 새 하늘과 새 땅은 도래하는 것이 아니라 "이 땅에서 일어나"는 것입니다(톰 라이트, 『역사와 종말론』, 송일 옮김 [IVP, 2022], p. 396). 물론, 그는 "오직 하나님만이 새 하늘과 새 땅을 만드실 것" (톰 라이트, 『마침내 드러난 하나님 나라』, 양혜원 옮김 [IVP, 2009] p. 318) 이라고 주장함으로써, 자신의 의도가 인간의 능력을 강조하는 것이 아님을 변론합니다. 그러나 하나님 나라 완성에 대한 라이트의 견해가 카이퍼의 것과 차이가 있음은 분명합니다. 카이퍼의 종말론이 하나님의 초월성에 기울어 있다면, 라이트의 종말론에는 내재성이 첨가되어 있는 것으로 보입니다. 초월성은 하나님이 피조세계와는 차원이 다른, 스스로 계신 존재님을 부각한다면, 내재성은 하나님이 피조세계에도 관여하시는 분이심에 초점을 맞추는 것입니다. 초월성과 내재성 중 무엇이 더 옳은 지 선택해야 하는 것은 아닙니다. 건강한 신학을 위해서는 두 개념을 균형적으로 추구하는 것이 중요합니다. 스탠리 그렌츠(Stanley J. Grenz)는 "초월성을 지나치게 강조하면 문화적 상황과의 관련성을 잃게 되고, 반면 내재성을 지나치게 강조하면 어떤 특정

영역선교는 하나님의 나라를 살아내는 것이지, 하나님의 나라를 만들어내는 것이 아닙니다. 하나님의 나라를 살아낸다는 것은 엉클어진 관계를 재정립하는 과정입니다. 창조주와 창조 세계의 관계가 회복되는 과정입니다. 물론, 이 모든 과정조차 하나님의 선교이기에 하나님이 하십니다. 우리는 그 사역에 동참할 은혜를 받았을 뿐입니다.

우리는 하나님과의 관계를 회복하고 하나님의 선교에 참여함으로써 '아직' 완벽하게 도래하지는 않았지만, '이미' 우리 곁에 와 계신 하나님의 통치를 경험할 수 있습니다.

창조주와 피조물의 관계가 회복되었다고 해서 피조물이 창조주의 세계를 만들었다고 자랑할 수 없습니다. 하나님 나라를 완성하시고 도래하게 하시는 것은 전적으로 하나님이십니다. 완전한 하나님의 나라가 언제 도래하느냐는 하나님 아버지의 주권에 달린 것이요, 우리가 알 바가 아닙니다.

하나님의 나라를 우리 손으로 일군다는 환상은 종종 공적 영역에서 기독교의 역할을 사회정의를 위한 운동으로 축소시키고는 합니다. 사회적 약자를 위하는 일은 이웃사

의 문화에만 얽매이는 신학이 되고 말 것"(스탠리 그렌츠, 『20세기 신학』, 신재구 옮김 [IVP, 1997], p. 12)이라고 경고했습니다. 하지만, 균형이란 것은 전체적인 차원에서의 균형을 말하는 것이지 모든 개별적 사안에 대한 기계적 균형을 뜻하는 것은 아닙니다. 하나님 주권을 중심사상으로 두는 영역선교 차원에서 '하나님 나라 완성'을 논할 때는 초월성에 무게를 두는 편이 타당하다고 봅니다.

랑이라는 관점에서 수행되어야 하지만, 그것이 하나님의
선교 전부일 수는 없습니다. 가령, 인권이나 평등을 추구하
는 사회 운동을 수행한다고 해서 그것이 성경적 의미의 이
웃사랑이 되는 것은 아닙니다. 성경에서 말하는 이웃사랑
은 반드시 하나님 사랑에 근거해야 하며, 하나님 없는 이웃
사랑은 인본주의의 극치이자 자신의 도덕적 의를 추구하는
방식일 뿐입니다.

사회 정의를 위시하여 특정 사상이나 이념을 성경의 가
치보다 우선시한다면 그 역시 하나님보다 자신의 이념을
중시하는 우상 숭배일 수 있습니다. 관련하여 토드 빌링스
(J. Todd Billings)는 "정의의 문제를 이해함에 있어서 하나님
중심으로 파악하는 그리스도 중심적인 복음의 틀 안에서
이해하는 방법을 찾아야 한다"[5]고 주장합니다.

위와 같은 오류 때문인지, 데이비드 반드루넨(David Van-
Drunen)처럼 문화 명령을 인정하지 않는 학자도 존재합니
다.[6] 반드루넨은 공적 영역에 참여하는 그리스도인의 자세
가 "현세의 덧없음을 받아들이는 것"이라고 봅니다.[7] 그의
신학에서 세속 문화는 새 하늘 새 땅과 연속성이 없기에 회

---

5   토드 빌링스, 『그리스도와의 연합』, 김요한 옮김 (CLC, 2014), p. 203

6   라이언 매킬헤니, 『하나님 나라와 세상 나라: 두 왕국론에 관한 신칼
      빈주의적 고찰』, 조영팔 옮김 (CLC, 2020), p. 31.

7   데이비드 반드루넨, 『기독교 정치학: 기독교 세계 이후 다원주의 시
      대의 정치신학과 정치윤리학 연구』, 박문재 옮김 (부흥과개혁사, 2020),
      p. 245.

복시킬 대상도 아닙니다.[8] 반드루넨의 주장은 하나님의 주권적 은혜보다 인간의 공로를 앞세울 위험을 경계하는 데 도움이 됩니다.

하지만, 건강한 의미의 영역선교는 하나님 나라를 만들기 위해 일하는 것이 아니라, 삶의 모든 영역이 하나님의 질서대로 움직이도록 일하는 것입니다. 이 둘의 차이를 혼동하지 않는 것은 중요하지만, 문화 참여를 포기하는 것만이 유일한 대안은 아닙니다.

3. 왕을 위하여 '흩어질' 사람들에게

저는 교회와 신학을 통해 형성한 칼빈주의 세계관을 가지고 국제정치의 영역으로 '흩어진' 사람입니다. 하지만, 이 책의 제목에 "국제정치학"이 붙은 것은 다른 영역보다 국제정치학을 특별히 중시해서가 아니라, 제가 서 있는 자리와 경험이 국제정치의 영역에 있기 때문입니다.

저는 이 책을 읽는 분들이 각자의 영역으로 흩어져, 거기서 자신만의 이야기를 써 내려가기를 바랍니다. 그래서 국제정치 외에도 '자영업', '아동복지', '현대미술', '태권도', '뇌

8　데이비드 반드루넨, 『하나님의 두 나라 국민으로 살아가기: 기독교 세계관에 기초한 균형 잡힌 기독교인의 삶』, 윤석인 옮김 (부흥과개혁사, 2012), p. 218.

과학', '웹툰', '대중가요' 등 다양한 분야에서 삶의 이야기가
이어지기를 기대합니다.

그리스도를 모르는 영혼들도, 죄로 인해 타락한 피조세
상도 하나님 나라의 서사(Narrative)를 여전히 목마르게 기다
리고 있습니다. 서사에 관하여 이 책에서 자세히 다루지는
못했지만, 영역선교는 서사 전쟁이라고도 할 수 있습니다.
하지만, 정작 기독교인이 기독교만의 서사를 제시하지 못
하고 세상의 서사에 끌려다니는 것을 목격하는 것은 가슴
아픈 일입니다.

그리스도인은 세상이 제시한 답안 중에 어느 것이 성경
의 '일부' 구절에 적합한지를 골라내는 사람이 아닙니다. 세
상의 답안과는 구별된 답안을 제시하는 자이어야 합니다.
비록 영역선교에 적합한 신학은 아니지만, 신학으로 사회
이론을 재사유하려고 하는 급진 정통주의 신학이나 대항공
동체(Gegen-Gemeinschaft)로서 교회를 제안하는 후기 자유주
의 신학은 기독교만의 서사를 구축하는 데 적극적이라는
점에서 칭찬할 만합니다.

감사하게도 칼빈주의를 따르는 이들에게는 이미 답안이
주어져 있습니다. "만유의 주재이신 그리스도께서 내 것이
라고 외치지 않는 영역은 한 치도 없다!"는 위대한 선포가
그것입니다. 우리는 이 선포를 잘 계승하여 '왕도'를 걷기만
하면 됩니다.

Pro Rege! (프로 레게, 왕을 위하여!)

이를 모토로 삼는 '영역의 선교사'가 많이 일어나기를 바랍니다. 국제정치학만이 아니라 세상의 모든 영역에서 하나님의 주권이 선포되고, 그리스도의 왕권을 따르는 질서가 회복되기를 바랍니다.

때로는 비난을 마주할 용기가 필요하고 때로는 자신의 능력이 절망적일만큼 부족해서 몸서리를 칠 지도 모릅니다. 하지만, 우리가 선포하는 왕은 이미 모든 싸움을 승리로 바꾸어 놓으신 분임을 기억해야 합니다. 타락한 피조세계가 그분을 따르는 길을 어지럽게 할 수는 있어도, 마지막까지 연약한 믿음을 견인하시는 그리스도의 은혜가 줄어들 일은 없습니다.

참고 문헌

〈문헌 자료-영문〉

Audi, Robert, and Nicholas Wolterstorff. *Religion in the Public Square: The Place of Religious Convictions in Political Debate*. Lanham, MD: Rowman & Littlefield Publishers, 1997.

Bain, William. "Political Theology and International Relations_From History to Emancipation", *International Studies Quarterly*, vol.67, no.4 (2023), https://doi.org/10.1093/isq/sqad097.

Billingham, Paul and Department of Philosophy, Florida State University. "Can Christians Join the Overlapping Consensus? Prospects and Pitfalls for a Christian Justification of Political Liberalism." *Social Theory and Practice* 47, no. 3 (2021): 519-547.

Billingham, Paul. "Can My Religion Influence My Conception of Justice? Political Liberalism and the Role of Comprehensive Doctrines." *Critical Review of International Social and Political Philosophy* 20, no. 4. (2017): 402-424.

_____. "Subsidiarity, Sphere Sovereignty, and State Sovereignty." *European Journal of Political Theory*, 2024. https://doi.org/10.1177/14748851241269.

Butt, Daniel. "Historic Injustice and the Inheritance of Rights and Duties in East Asia," in *Inherited Responsibility and Historical Rec-*

onciliation in East Asia, ed. Chaihark Hahm and Melissa Nobles. New York and Milton Park, Abingdon: Routledge, 2013.

_____. "Repairing Historical Wrongs and the End of Empire," *Social & Legal Studies* vol. 21, no. 2 (2012): 227–242.

Chaplin, Jonathan. "Subsidiarity and Social Pluralism." In *Global Perspectives on Subsidiarity*, edited by Michelle Evans and Augusto Zimmermann. Dordrecht: Springer, 2011.

Freire, Lucas G. "Security Studies: Towards a Reformational Approach." *Philosophia Reformata* 81, no. 1 (2016): 1–13.

Guilhot, Nicolas, "American Katechon: When Political Theology Became International Relations Theory," *Constellations* vol. 17, no. 2 (2010): 224–253.

Habermas, Jürgen. *Between Naturalism and Religion: Philosophical Essays*. Cambridge, UK; Malden, MA: Polity Press, 2008.

Hagström, Linus and Gustafsson, Karl. "Narrative Power: How Storytelling Shapes East Asian International Politics", *Cambridge Review of International Affairs*, vol. 32, no. 4 (2019): 387–406.

Hall, Todd H. *Emotional Diplomacy: Official Emotion on the International Stage*. Ithaca and London: Cornell University Press, 2015.

Haynes, Jeffrey. *An Introduction to International Relations and Religion*. Routledge, 2013.

Hughes, Christopher W. *Japan's Foreign and Security Policy Under the 'Abe Doctrine': New Dynamism or New Dead End?*. Basingstoke: Palgrave Pivot. 2015.

Jeffery, Renée. "When Is an Apology Not an Apology? Contrition Chic and Japan's (Un)Apologetic Politics," *Australian Journal of International Affairs* vol. 65, no. 5 (2011): 607–617.

Joustra, Robert J. "Abraham Kuyper among the Nations." *Politics and Religion* 11, no. 1 (March 2018): 146-168.

Laborde, Cecil. *Liberalism's Religion*. Cambridge, Massachusetts: Harvard University Press, 2017.

Lind, Jennifer. "Apologies in International Politics," *Security Studies* vol. 18, no. 3 (2009): 517-556.

_____. *Sorry States: Apologies in International Politics*. Ithaca, NY: Cornell University Press, 2011.

Ministry of Foreign Affairs of Japan. (1995). *Statement by Prime Minister Tomiichi Murayama "On the occasion of the 50th anniversary of the war's end"* (15 August 1995). [Online] Available at: https://www.mofa.go.jp/announce/press/pm/murayama/9508.html.

O'Donovan, Oliver. *The Desire of the Nations: Rediscovering the Roots of Political Theology*. Cambridge: Cambridge University Press, 1996.

Özlük, Elif. "Apologising in International Relations: Theory of Apology," *Uluslararası İlişkiler / International Relations* vol. 11, no. 44 (2015): 51-78.

Paipais, Vassilios. "Introduction: Religion or Theology? (Re)introducing Political Theology into the Study of World Politics." In *Theology and World Politics: Metaphysics, Genealogies, Political Theory*, edited by Vassilios Paipais. London: Palgrave Macmillan, 2020.

Park, Jiwoong "Strengthening the Concept of Sincerity in Guilt Diplomacy: Focusing on Korea-Japan Relations" (master's thesis, University of Warwick, 2024).

Patterson, Eric. "Liberalism's Religion Problem and the Promise of Realism in a Religious World." In *Religion and the Realist Tradition: From Political Theology to International Relations Theory and Back*, edited by Jodok Troy. Milton Park, Abingdon, Oxon: Routledge, 2014.

Rengger, Nicholas. "The Ethics of Trust in World Politics," *International Affairs* vol. 73, no. 3 (1997): 469-487.

Snyder, Jack. *Religion and International Relations Theory*. New York: Columbia University Press, 2011.

Thomas, Scott M. *The Global Resurgence of Religion and the Transformation of International Relations*. London: Palgrave Macmillan, 2005.

Toft, Monica Duffy, Daniel Philpott, and Timothy Samuel Shah. *God's Century: Resurgent Religion and Global Politics*. W. W. Norton & Company, 2011.

Troy, Jodok. "Getting Theory: Realism and the Study of Religion in International Relations." In *Religion and the Realist Tradition: From Political Theology to International Relations Theory and Back*, edited by Jodok Troy. Milton Park, Abingdon, Oxon: Routledge, 2014.

_____. *Christian Approaches to International Affairs*. London: Palgrave Macmillan, 2012.

Vallier, Kevin. *Liberal Politics and Public Faith: Beyond Separation*. New York: Routledge, 2014.

Warrack, Max. "Manga and Militarism: Rehabilitating Military Violence in Japan," *The Pacific Review* (2025), https://doi.org/10.1080/09512748.2025.2484343.

〈문헌 자료-국문〉

고힌, 마이클과 바르톨로뮤, 크레이그. 『세계관은 이야기다』. 윤종석 옮김. 서울: IVP, 2011.

권효상. 『개혁교회 선교방법론』. 서울: SFC, 2023.

그렌츠, 스탠리. 『20세기 신학』. 신재구 옮김. 서울: IVP, 1997.

기니스, 오스. 『소명: 인생의 목적을 발견하고 성취하는 길』. 홍병룡 옮김. 서울: IVP, 2019.

김광열. 『구원과 성화』. 서울: 총신대학교출판부, 2016.

김성태. 『선교와 문화』. 서울: 이레서원, 2000.

김은득. 『한국 교회를 위한 카이퍼의 세상 읽기』. 서울: IVP, 2024.

김지연. 『나의 어여쁜 자야: 아름다운 남녀 창조 편』. 서울: 두란노, 2020.

니버, 라인홀드. 『인간의 본성과 공동체들』. 오희천 옮김. 서울: 종문화사, 2016.

니버, 리처드. 『그리스도와 문화』. 홍병룡, 임성빈 옮김. 서울: IVP, 2007.

동북아역사재단, 『무라야마 전 총리와 함께 일본군 '위안부' 문제를 생각한다』 김학준 펴냄; 서울: 동북아역사재단, 2015

라이트, 크리스토퍼. 『하나님 백성의 선교: 하나님의 백성을 위한 사명 선언서』. 한화룡 옮김. 서울: IVP, 2012.

라이트, 톰. 『마침내 드러난 하나님 나라』. 양혜원 옮김. 서울: IVP, 2009.

_____. 『역사와 종말론』. 송일 옮김. 서울: IVP, 2022.

레빈, 유벌. 『에드먼드 버크와 토머스 페인의 위대한 논쟁: 보수와 진보의 탄생』. 조미현 옮김. 서울: 에코리브르, 2016.

롤스, 존. 『정치적 자유주의』. 장동진 옮김. 서울: 동명사, 2016.

마우, 리처드. 『아브라함 카이퍼: 리처드 마우가 개인적으로 간략하게 소개하는』. 강성호 옮김. 서울: SFC, 2015.

매스터, 조너선. 『개혁 신학이란 무엇인가』. 전의우 옮김. 서울: 생명의말씀사. 2025.

매킬헤니, 라이언. 『하나님 나라와 세상 나라: 두 왕국론에 관한 신칼빈주의적 고찰』. 조영팔 옮김. 서울: 개혁주의신학사, 2020.

밀뱅크, 존. 『신학과 사회이론: 세속 이성을 넘어서』. 서종원, 임형권 옮김. 서울: 새물결플러스, 2019.

바르톨로뮤, 크레이그. 『아브라함 카이퍼 전통과 삶의 체계로서의 기독교 신앙』. 이종인 옮김. 서울: IVP, 2023.

바빙크, 헤르만. 『하나님의 큰 일』. 김영규 옮김. 서울: CLC, 2015.

_____. 『헤르만 바빙크의 기독교 세계관』. 김경필 옮김. 서울: 다함, 2020.

반드루넨, 데이비드. 『기독교 정치학: 기독교 세계 이후 다원주의 시대의 정치신학과 정치윤리학 연구』. 박문재 옮김. 서울: 부흥과개혁사. 2020.

_____. 『하나님의 두 나라 국민으로 살아가기: 기독교 세계관에 기초한 균형 잡힌 기독교인의 삶』. 윤석인 옮김. 서울: 부흥과개혁사. 2012.

바코트, 빈센트. 『정치적 제자도: 공적 삶을 위한 신학 원리』. 성석환 옮김. 서울: 새물결플러스, 2021.

반틸, 코넬리우스. 『코넬리우스 반틸의 조직신학 서론』. 이승구, 강웅산 옮김. 서울: 크리스챤, 2009.

베이미, 론. 『제4의 선교물결』. 안정임 옮김. 서울: 예수전도단, 2017.

보스, 게할더스. 『성경신학』. 원광연 옮김. 서울: CH북스, 2017.

빌링스, 토드. 『그리스도와의 연합』. 김요한 옮김. 서울: CLC. 2014.

스미스, 제임스. 『급진 정통주의 신학』. 한상화 옮김. 서울: CLC, 2011.

_____. 『왕을 기다리며: 하나님 나라 공공신학의 재형성』. 박세혁 옮김. 서울: IVP, 2019.

앤더슨, 베네딕트. 『상상된 공동체』. 서지원 옮김. 서울: 길, 2018.

월터스, 알버트와 고힌, 마이클. 『창조 타락 구속』. 양성만 옮김. 서울: IVP, 2017.

유해석. 『이슬람, 경계와 사랑 사이』. 서울: 대한예수교장로회총회, 2022.

윤석정, "전후 70년 담화와 한국: 무라야마 담화에 대한 덮어쓰기와 한국 배제." 아태연구 vol. 26, no. 1 (2019): 41–71.

주종훈. 『기독교 예배와 세계관: 삶의 변화를 위한 예배의 이해와 실천』. 서울: 워십리더, 2014.

_____. 『일상 성찬: 삶의 모든 영역을 그리스도와 연결하는 방식』. 서울: 두란노서원, 2019.

최재호. 『성경적 세계관의 원리와 실천』. 서울: 청지기서원, 2022.

카이퍼, 아브라함. 『반혁명 국가학 1: 원리』. 최용준, 임경근 옮김. 서울: 국제제자훈련원, 2023.

_____. 『아브라함 카이퍼의 영역주권: 인간의 모든 삶에 미치는 하나님의 주권』. 박태현 옮김. 서울: 다함, 2020.

_____. 『아브라함 카이퍼의 정치강령』. 손기화 옮김. 서울: 새물결플러스, 2018.

_____. 『칼빈주의 강연』. 김기찬 옮김. 서울: CH북스, 2017.

_____. 『하나님께 가까이』. 정성구 옮김. 서울: CH북스, 2019.

칼빈, 존. 『기독교 강요』. 문병호 옮김. 서울: 생명의말씀사, 2020.

캐버너, 윌리엄 T. 『신학, 정치를 다시 묻다』. 손민석 옮김. 서울: 비아, 2019.

커크, 러셀. 『보수의 정신: 버크에서 엘리엇까지』. 이재학 옮김. 서울: 지식노마드, 2018.

크리스토퍼 휴즈(Christopher W. Hughes). 『일본의 재군사화(Japan's Remilitarisation)』. 류재현 옮김. 한국해양전략연구소, 2009.

프람스마, 루이스. 『그리스도가 왕이 되게 하라: 아브라함 카이퍼의 생애와 그의 시대』. 이상웅, 김상래 옮김. 서울: 복있는사람, 2011.

하우어워스, 스탠리와 윌리몬, 윌리엄. 『하나님의 나그네 된 백성: 이 땅에서 그분의 교회로 살아가는 길』. 김기철 옮김. 서울: 복있는사람, 2018.

호튼, 마이클. 『오디너리(평범함으로의 부르심)』. 조계광 옮김. 서울: 지평서원, 2015.

〈기사〉

박상준, "다시 꺼내 보는 무라야마 담화," 동아일보, 2020년 6월 27일, https://www.donga.com/news/article/all/20200627/101709574/1

백선영, "오야마 레이지 목사, 96세로 소천" 「기독교신문」, 2023년 5월 19일, http://www.gdknews.kr/news/view.php?no=14561#-none;.

윤예림, 신진호, "'이젠 됐다 할 때까지 일제 만행 사죄'…日양심 오야마 목사 별세", 서울신문, 2023년 5월 18일, https://www.seoul.co.kr/news/international/2023/05/18/20230518500124.

이대웅, "소강석 목사, '日 과거사 회개' 故 오야마 레이지 목사 조문", 「크리스천투데이」, 2023년 5월 23일, https://www.christian-today.co.kr/news/354578.

이세원, "日 오야마 세이지 목사 '한국에 대한 사죄는 우리교회 모
　　토'", 연합뉴스, 2023년 8월 14일, https://www.yna.co.kr/
　　view/AKR20230813044500005.

이현성, "'그만하랄 때까지 사죄'…오야마 레이지 목사 별세", 국민
　　일보, 2023년 5월 17일, https://www.kmib.co.kr/article/view.
　　asp?arcid=0018270468.

황수정. 「[佛·美·獨 곤혹스러운 정상들] 이민자 반발 부른 메르켈」. 서
　　울신문, 2010년 10월 19일. https://www.seoul.co.kr/news/
　　international/2010/10/19/20101019019022.

선교 이야기 시리즈